Unser Rems-Murr-Kreis

Unser Rems-Murr-Kreis

Horst Lässing · Gerhard Fritz

Fotos von Joachim Feist

THEISS

Inhalt

**Das Land an Rems und Murr
in der Geschichte**
Gerhard Fritz

Ur- und Frühgeschichte
Landschaft und erste Besiedlung 12
Kelten- und Römerzeit 13

Mittelalter und Neuzeit
Alamannen und Franken 16
Kloster und Kaiserpfalz 16
Die Kaiser aus dem Geschlecht der Waiblinger 16
Die Staufer – ebenfalls Waiblinger 17
Die Wiege Badens und Württembergs 17
Das Herz Württembergs 17
Das 17. Jahrhundert: Krieg und Not 18
Pietismus an Rems und Murr 19
Das Streben nach Einheit und Freiheit
und der Beginn der Industrialisierung 19

Das 20. Jahrhundert
Die beiden Weltkriege 25
Industrielle Entwicklung und
neue Verwaltungsstrukturen 25

Kunst- und Kulturdenkmale
Städte 26
Kirchen und Klöster 26
Schlösser und Burgen 27
Dörfer und Mühlen 27

Das Leben an Rems und Murr
Horst Lässing

Mensch und Landschaft 42

Ausländer und Partnerschaften 58

Natur- und Umweltschutz 64

Kunst und Kultur 70

Weinbau und Landwirtschaft 76

Wirtschaft und Verkehr 83

Feste und Freizeit 100

Ein schönes Fleckchen Erde

Dem Rems-Murr-Kreis wird bescheinigt, ein »Musterkreis im Musterländle« zu sein, ein »Landkreis mit Vorbildcharakter«, ja sogar das »Filetstück des Landes«. Im Herzen unseres Landes gelegen, wird er geprägt von schwäbischer Schaffigkeit und der Leistungsfähigkeit der Wirtschaft, von gediegener Gastlichkeit und fröhlicher Geselligkeit, von traditionsreichen Festen und bodenständigen Weinen, von eigenbrödlerischer Verschrobenheit und weltoffener Leistungsbereitschaft, von Fachwerkhäusern und idyllischen Ortskernen, von Aufgeschlossenheit und Abgeschlossenheit.

Es ist das besondere Verdienst des Konrad Theiss Verlages, dies alles in einem Bildband über den Rems-Murr-Kreis anschaulich gemacht zu haben. Reiz und Wert unserer vertrauten Umgebung werden mit neuen Augen gesehen. Dem Fremden offenbart das vorliegende Werk das Charakteristische, und das Gewohnte läßt sich noch von der einen oder anderen unbekannten Seite entdecken. Der Verlag zeigt auch Mut zur Lücke, indem er sich nicht von kommunalen Rücksichten bestimmen läßt, sondern das Besondere und Unverwechselbare des Kreises wiederzugeben versucht.

Dr. Gerhard Fritz, als bewanderter und heimatverbundener Historiker, zeigt die Geschichte auf und führt zu den bedeutsamen historischen Zeugnissen. Joachim Feist, der Fotograf, hat mit seiner Kamera viel Typisches vom Leben in der Region, von Vergangenem und Gegenwärtigem eingefangen, vor allem aber viele neue, oft überraschende Perspektiven entdeckt. Ich selbst habe versucht, dem Leser das Leben der Menschen in unserem Kreis und die Vielfalt ihrer kulturellen und wirtschaftlichen Aktivitäten nahezubringen. Das Buch soll zum Entdecken und zum Verweilen im Landkreis einladen.

Dem Konrad Theiss Verlag möchte ich für die gute Zusammenarbeit, das gelungene Buch und die herausragende Darstellung unseres Rems-Murr-Kreises herzlich danken.

Horst Lässing
Landrat des Rems-Murr-Kreises

Kleinheppacher Kopf
Herbststimmung in den Weinbergen

Autumnal atmosphere in the vineyards

Douceur d'automne sur les vignobles

Remshalden-Geradstetten
Von Weinbergen umrahmt

Village surrounded by vineyards

Site encadré de vignobles

Am Hörschbach Wasserfall
Zahlreiche Wasserfälle beleben die Kalksteinformationen des Schwäbischen Waldes.

Numerous waterfalls enliven the limestone-formations of the Swabian Woods.

Des nombreuses cascades raniment les formations calcaires de la Forêt Souabe.

Alfdorf

Noch klappern zahlreiche Mühlen im Kreis. Hier die Meuschenmühle.

Numerous mills are still clacking in the country. Here the Meuschenmühle.

Nombre de roues tournent encore aux moulins du pays, voici celui de la Meuschenmühle.

Welzheim
Das Ostkastell am Rande von Welzheim wurde um 150 n. Chr. errichtet. Die Toranlage wurde rekonstruiert.

The Eastern Castellum at the outskirts of Welzheim was established in 150 a. D. The portal was reconstructed.

Les fortifications du Ostkastell au bord de Welzheim furent construites vers l'an 150 ap. J.-C. L'entrée avec la porte a été reconstruite.

Das Land an Rems und Murr in der Geschichte

Ur- und Frühgeschichte

Landschaft und erste Besiedlung

An der Murr
An den Ufern der Murr siedelten die Menschen bereits vor 250 000 Jahren.

At the bank of the Murr the colonists settled already 250 000 years ago.

C'est sur les bords du fleuve Murr que s'installèrent les colons il y a 250 000 ans.

Die Geländeformen des heutigen Kreisgebiets, die durch eine anmutige, hügelige Waldlandschaft im Osten und fruchtbare Ebenen im Westen beeindrucken, sind durch jahrmillionenalte Erosion ins Gestein der Triaszeit, einer Epoche des Erdmittelalters, hineinmodelliert. Im Osten des Kreises steht noch allenthalben das weiche Keupergestein an und bildet die von vielen Bächen wild durchfurchten Höhen des Schwäbisch-Fränkischen Waldes, der etwa zwei Drittel des Kreisgebiets bedeckt. An einigen wenigen hoch gelegenen Stellen hat die Erosion sogar noch einige Schichten übriggelassen, die jünger sind als Trias und in die Jurazeit gehören, so etwa die Juraplatte rund um Welzheim. Der Keuper ist für die Landwirtschaft ein qualitativ minderwertiger Boden. Da der Keuperboden wenig trägt, hat man fast überall den Wald stehen lassen, der nur von Rodungsinseln rund um die zahlosen kleinen und kleinsten Ansiedlungen des Waldgebiets unterbrochen wird.

Im Westen des Kreises hat die Erosion die vor Jahrmillionen ebenfalls vorhandenen Keuperschichten längst abgetragen und sich in die Lagen des Muschelkalks hineingefressen. Der Muschelkalk ist allerdings nur in den tief eingeschnittenen, engen Flußtälern sichtbar. Ansonsten ist die Muschelkalkebene von Löß bedeckt, der in einer geologisch sehr jungen Periode – nach der letzten Eiszeit – hier angeweht wurde. Der Löß macht den Westteil des Kreises zur fruchtbaren, seit Jahrtausenden landwirtschaftlich intensiv genutzen Kulturfläche. Die Lößbuchten liegen nicht besonders hoch. Sie erreichen etwa 200 bis 300 m über Meereshöhe, während die Keuperberge stellenweise auf fast 600 m ansteigen.

Die beiden für den Kreis namengebenden Flüsse, die Rems und die Murr, durchqueren Keuper- und Muschelkalkschichten von Ost nach West. Die Keuperhochfläche durchfurchen die beiden Flüsse und ihre vielen Seitenbäche in zahlreichen, mäßig weiten Tälern. Im Muschelkalkgebiet dagegen schneiden Rems und Murr und die hier viel selteneren Seitenbäche eng und steil ein, ähnlich wie der Neckar, der das Kreisgebiet auf eine kurze Strecke berührt.

Die Muschelkalk-Löß-Flächen werden vom Keuperbergland durch eine Bergstufe getrennt. Auf dieser Keuperstufe wuchs früher fast überall Wein. Seit dem 18. Jahrhundert ist der Weinbau zugunsten des Obstbaus zwar stark zurückgegangen, doch prägt er insbesondere an den Hängen des Remstals noch deutlich das Bild der Landschaft.

Der Rems-Murr-Kreis gilt als wirtschaftsstark und zugleich lebenswert. Daß letzteres keine Errungenschaft der Neuzeit ist, beweist nicht zuletzt jener 1933 in Steinheim an der Murr (heute im Kreis Ludwigsburg gelegen) gefundene Schädel eines Urmenschen, der als *homo Steinheimensis* in der Wissenschaft berühmt geworden ist. Natürlich haben unsere Ahnen von der Gattung des *homo Steinheimensis* nicht nur im heutigen Ludwigsburger Kreisgebiet, sondern auch murraufwärts, im Gebiet des heutigen Rems-Murr-Kreises, gelebt. Es ist vorstellbar, daß jene Urmenschendame, deren Schädel man in den Sanden von Steinheim gefunden hat, erst als Leiche murrabwärts geschwemmt wurde. Zu Lebzeiten mag sie sehr wohl eine Ur-Backnangerin oder Ur-Kirchbergerin gewesen sein.

Was die Steinheimer Urmenschen vor einer Viertelmillion Jahren in unsere Heimat führte, blieb auch für deren Nachfahren von der Gattung *homo sapiens* maßgeblich, die in späteren Jahrtausenden als nomadisierende Jäger und Sammler die Landschaft durchstreiften: Wild- und Fischreichtum. Die Rast- und Lagerplätze dieser steinzeitlichen Menschen wurden verschiedentlich im Kreisgebiet gefunden. Seit langem weiß man, daß sich in der Gegend um Kleinheppach und Beinstein vor 50 000 Jahren solche »Stationen« befanden. In neuester Zeit hat man rund um Murrhardt viele »Stationen« aus der Mittelsteinzeit (vor ca. 7500 bis 10 000 Jahren) untersucht. Mit dem Beginn der Jungsteinzeit vor rund 5000 Jahren veränderte sich die Besiedlung des heutigen Kreisgebiets grundlegend. Eine der größten Revolutionen der Menschheitsgeschichte hatte auch für das Land an Rems und Murr fundamentale Auswirkungen: Die Menschen wurden seßhaft und ernährten sich von der Landwirtschaft. Damit verlor das wenig fruchtbare Keuperbergland im Osten an Attraktivität, während die Löß-Ebenen um so mehr bäuerliche Siedler anzogen. Seit dieser Zeit muß man eine dauerhafte Besiedlung der westlichen Teile des Kreisgebiets annehmen.

Kelten- und Römerzeit

Über die damalige Bevölkerung weiß man wenig. Das ändert sich mit dem Erscheinen der Kelten ab etwa 750 v. Chr. Die bei uns ansässigen Kelten gehörten aller Wahrscheinlichkeit nach zum Herrschaftsbereich der Keltenfürsten vom Hohenasperg, von denen einer als *der* Keltenfürst schlechthin berühmt wurde, als man vor anderthalb Jahrzehnten bei Hochdorf im Kreis Ludwigsburg sein unzerstörtes Grab entdeckte. Auch auf dem ganz nahe an den Grenzen des Rems-Murr-Kreises gelegenen Wirtemberg/Rotenberg dürfte ein Keltenfürst gesessen haben, wobei unklar ist, ob als Unterfürst des großen Keltenzentrums Hohenasperg oder als Herr eigener Machtvollkommenheit.

Es war eine Eigenart der Kelten, daß sie ihre Führungsschicht in weithin sichtbaren Hügelgräbern bestatteten. Solche Hügelgräber finden sich – in sehr unterschiedlichen Erhaltungszuständen – vielerorts im fruchtbaren Lößgebiet des Rems-Murr-Kreises. Da die Kelten keine schriftlichen Quellen hinterlassen haben, ist die Zuordnung der Gräber zu einzelnen Machtzentren (Asperg, Wirtemberg oder andere) nur schwer möglich. Immerhin sind einzelne Relikte aus keltischen Gräbern des Kreises heute in verschiedenen Museen zu bewundern. Sie zeigen, welch hochentwickelte Kultur die Kelten hatten.

Neben den Hügelgräbern gibt es im Kreis weitere keltische Großbauwerke, sogenannte Viereckschanzen. Dies waren primär keine militärischen Anlagen, sondern Kultbezirke. In einer dieser Schanzen, in Fellbach-Schmiden, sind 1980 jene phantastischen Holzfiguren – zwei Böcke und ein Hirsch – gefunden worden, die in Material und Ausführung in Europa einzigartige Dokumente der keltischen Kultur sind.

Die Kelten, die große Teile Europas beherrschten, verloren spätestens seit den Zeiten Caesars ihre Unabhängigkeit. Ihr Land wurde von den Römern erobert, ihre Sprache und Kultur verschwanden binnen weniger Jahrhunderte, die keltischen Völker oder »Gallier«, wie die Römer die Kelten nannten, wurden fast alle rasch »romanisiert«.

Schon gegen Ende des ersten nachchristlichen Jahrhunderts war das Gebiet an Rems und Murr faktisch unter römischer Herrschaft. Zwar verlief die Grenze des Weltreichs noch am Neckar, aber die römische Kohorte in Benningen und die Ala in Cannstatt beherrschten natürlich auch das Land rechts des Neckars an Rems und Murr. Eigentliches römisches Staatsgebiet wurde der größte Teil des heutigen Rems-Murr-Kreises dann um das Jahr 150 n. Chr. Damals verlegte der in Mainz residierende Statthalter der römischen Provinz Obergermanien die Staatsgrenze um etwa 30 km nach Osten. Die bis dahin am Neckar liegenden Truppen rückten auf die kaum besiedelten Höhen der Keuperberge vor und erbauten dort den Limes. Die Benninger Kohorte bezog ihre neue Garnison in Murrhardt, die Cannstatter Ala begab sich nach Welzheim.

Was waren das für Menschen, die damals in den Kastellen in Murrhardt und Welzheim und in den Lagerdörfern an den Ausfallstraßen der Kastelle lebten? Echte Römer waren es in den seltensten Fällen. Nur die höheren Offiziersposten wurden mit Römern besetzt. Das wird z. B. in Welzheim offenkundig, wo eine nicht genau zu bestimmende Ala I lag (Scubuler, Flavia Gemina oder Indiana Gallorum?), aber auch in Murrhardt dürften sich die Mannschaften der XXIV. Kohorte aus Nichtrömern zusammengesetzt haben. Es handelte sich bei den Soldaten der Welzheimer Ala und der Murrhardter Kohorte nach den vereinzelt überlieferten Namen der Soldaten im wesentlichen um romanisierte Gallier. In Murrhardt wie in Welzheim bestanden die Truppenverbände aus jeweils 500 Mann, die Murrhardter Kohorte war eine Fußtruppe, die Welzheimer Ala war beritten. Ergänzt wurden die 500 Mann starken Verbände durch kleinere, etwa 100 Mann starke Aufklärungseinheiten. In Murrhardt stand ein sogenannter Numerus aus keltischen Boiern und germanischen Tribokern, in Welzheim ein Numerus aus Brittonen, also Leuten, die aus dem heutigen Großbritannien stammten.

Man kommt sowohl für Murrhardt als auch für Welzheim damit jeweils auf rund 600 Soldaten. In den Lagerdörfern dürften jeweils ebenso viele Zivilisten gelebt haben, so daß Murrhardt und Welzheim angesichts der damaligen geringen Bevölkerungsdichte des Landes ausgesprochen große Orte waren. Friedhöfe und Tempelbezirke ergänzten die beiden Ansiedlungen, und selbstverständlich besaßen die Römer in Murrhardt und Welzheim auch die für ihre Kultur so typischen Badeanlagen.

Im Hinterland der Kastelle hatte sich die alte keltische Besiedlung im fruchtbaren Lößgebiet zwischen dem Keuperbergland und dem Neckar in römischer Zeit durchaus weiterentwickelt. Hier sind insbesondere einzelne Gutshöfe *(villae rusticae)*, Herbergen und Gasthöfe an den Verbindungsstraßen charakteristisch. Eine Besonderheit ist eine Töpferei, deren Relikte zwischen Waiblingen und Beinstein entdeckt wurden. Vielleicht war jener Clodius der Besitzer, dessen monumentales Grabmal bis ins Mittelalter bei Beinstein stand.

Haghof
In der Nähe des Haghofs endet die 80 km lange, gerade Linie des Limes, der dann Richtung Osten verläuft.

Near the Haghof the limes, running in a straight line for 80 kilometres, ends and is then heading towards east.

C'est à proximité de la ferme du Haghof que se termine la ligne droite, longue de 80 km, du limes romain qui ensuite se dirige vers l'Est.

Welzheim
Lederschuhe aus einem Brunnen des Ostkastells

Leather shoes from a well of the Eastern Castellum.

Des chaussures de cuir trouvées dans le puits du Ostkastell

Als die Römer um 150 ihre Grenze nach Murrhardt und Welzheim vorschoben, war die eigentliche neue Grenzlinie nur durch einen Weg markiert, der von den Kastellen aus überwacht wurde. Im Laufe der Jahrzehnte wurde die Grenzlinie dann immer intensiver ausgebaut, bis schließlich eine durchgehende Demarkationslinie mit Palisade, Wall und Graben, kontrolliert durch Wachtürme und Kleinkastelle, entstand. Die Kleinkastelle, von denen eines bei Welzheim auf der Flur Rötelsee mustergültig restauriert worden ist, beherbergten etwas größere Wachgruppen als die eigentlichen Wachtürme, die wohl mit kaum mehr als fünf Mann besetzt waren. Den schönsten wieder aufgebauten Wachturm im Kreisgebiet findet man zweifellos bei Großerlach-Grab. In Welzheim und Murrhardt selbst existierten für jeden der dortigen Truppenteile eigene Kastelle. Das Murrhardter Kohorten- und das Welzheimer Alenkastell sind heute fast völlig überbaut. Vom Murrhardter Numeruskastell weiß man wenig, während das entsprechende Welzheimer Kastell teilweise wieder aufgebaut wurde und einen nachhaltigen Eindruck von dieser Art römischer Militärarchitektur vermittelt.

Entscheidend für das Ende der Römerherrschaft wurden in Verbindung mit den ständigen Angriffen der Germanen vor allem unlösbare wirtschaftliche und demographische Probleme, die seit einigen Seuchenzügen um 180 das römische Imperium belasteten. Offenbar gab es aufgrund des drastischen Bevölkerungsrückgangs im Römerreich ab etwa 250 ganz einfach nicht mehr genug Menschen, um das Land am Limes halten zu können. Man zog bis etwa 260 die geschrumpften Garnisonen hinter den Rhein zurück. Obwohl die Römer nominell den Anspruch auf das Land bis zum Limes weiterhin aufrechterhielten, war damit für Welzheim und Murrhardt wie für alle anderen Limeskastelle mit ihrem Hinterland die Römerzeit vorbei.

Großerlach – Grab
Ein rekonstruierter Limeswachturm in der Nähe von Grab

A reconstructed limes-watchtower near Grab

Un beffroi du limes romain aux alentours de Grab

Mittelalter und Neuzeit

Alamannen und Franken

Über die folgenden Jahrhunderte an Rems und Murr ist wenig bekannt. Zunächst strömte der germanische Stamm der Alamannen ins Land. Um 500, nach einer alamannischen Niederlage, gesellten sich auch die Franken hinzu, die innerhalb des heutigen Kreisgebiets im wesentlichen das Murrtal in Besitz nahmen. Dies war ein Vorgang, der ausgesprochen langfristige Auswirkungen hatte, denn von nun an gehörte die Nordhälfte des Kreisgebiets zu Franken, die Südhälfte zum Herzogtum Schwaben. Rechnet man hinzu, daß sich die seit damals allmählich entstehenden kirchlichen Grenzen der Bistümer ebenfalls über weite Strecken an den Grenzen der Herzogtümer orientierten, dann hatte die Grenzziehung von etwa 500 Bestand bis in die Zeit nach 1800.

Wirtschaftlich, kulturell und hinsichtlich der Bevölkerungszahl hatte das Land in nachrömischer Zeit zweifellos einen unvorstellbaren Rückschlag erlitten. Zwar führten die fränkischen Könige schon früh ihre Gau- und Grafschaftsverfassung im Land an Rems und Murr ein – es entstanden der Neckargau, der Murrgau, der Kochergau, der Remstalgau, der Nibelgau, der Drachgau –, doch eine eigentlich wirksame Verwaltungs- und Herrschaftsstruktur entstand erst mit der Einrichtung von Pfarreien ab etwa 650/700. Die wichtigsten Urpfarreien, von denen sich im Lauf des Mittelalters viele weitere abspalteten, waren in Murrhardt und Winterbach und wohl auch in Waiblingen und Backnang.

Kloster und Kaiserpfalz

Am klarsten von schriftlichen Quellen beleuchtet, ist seit dem späten 8. Jahrhundert die Geschichte von Murrhardt. Hier existierte offenbar schon in den Jahrzehnten vor 800 eine Klosterzelle, die dann um 817 durch einen fränkischen Adligen namens Walterich – allem Anschein nach ein Mann aus dem nächsten Bekanntschafts- oder Verwandtschaftskreis Karls des Großen – zum regulären Benediktinerkloster ausgebaut wurde. Das Kloster, das nach einigen Krisen im 10. Jahrhundert in den Besitz Würzburgs kam, spielte eine regional bedeutende Rolle und war eines der ältesten Klöster im Lande.

Einige schriftliche Quellen aus dieser frühen Zeit sind auch zu Waiblingen erhalten. Sie weisen nach, daß wenigstens dreimal – 885, 886 und 908 – karolingische Könige bzw. Kaiser hier weilten. Die Herrscher des Reiches mögen durchaus noch öfter hier gewesen sein, keineswegs alle Aufenthalte müssen durch zufällig ausgestellte Urkunden überliefert sein. Wer weiß, daß die Könige und Kaiser nicht als Privatleute reisten, sondern ein nach Hunderten zählendes Gefolge bei sich hatten, dem ist klar, daß in Waiblingen immerhin eine Infrastruktur vorhanden gewesen sein muß, die eine mehrtägige Versorgung des kaiserlichen Gefolges ermöglichte. Ob man die zweifellos vorhandenen Räumlichkeiten zur Unterbringung des Kaisers als »Pfalz« bezeichnen kann – deren Existenz unter den Waiblinger Historikern strittig ist, weil man sie noch nicht lokalisieren konnte –, ist letztlich unerheblich.

Neben Murrhardt und Waiblingen treten die anderen Orte des Kreisgebiets in der Karolingerzeit zurück. Dabei ist allerdings sicher, daß sich mit Winnenden ab etwa 800 allmählich ein weiteres Zentrum herausbildete. Unklar ist, ob Winnenden eine Strafkolonie von exilierten Wenden war oder ob der Ortsname schlicht und einfach ein althochdeutsches Wort für Weideplätze ist.

Die Kaiser aus dem Geschlecht der Waiblinger

Mit dem Beginn der Herrschaft der Salierkaiser im Jahre 1024 hat die Gegend des heutigen Rems-Murr-Kreises noch weit engere Beziehungen zu den Monarchengeschlechtern des Reiches als wir dies für die Karolingerzeit erkennen können. Politische Strukturen und politische Macht entwickeln sich zu jener Zeit fast ausschließlich im Rahmen von Verwandtschaftsbeziehungen. Es ist kaum zuviel gesagt, wenn man behauptet, daß die Verwandtschaftsbeziehungen und Eheschließungen der Salier- und Stauferkaiser der entscheidende Schlüssel zum Verständnis der Verhältnisse an Rems und Murr sind.

In den Jahren nach 1020 gelangte Backnang durch Heirat an ein Hochadelsgeschlecht, das vom oberen Neckar stammte und nach dem über mehrere Generationen auftauchenden Leitnamen Hesso als die »Hessonen« bezeichnet wird. Heiraten des Hochadels waren keine Privatangelegenheit, sondern hochpolitische Akte, durch die die wichtigsten Besitz- und Herrschaftsveränderungen zustande kamen. Die Dame, die den Hesso ehelichte, hieß Gisela und war allem Anschein nach eine Stieftochter des ersten Salierkaisers Konrad II. Konrads Gemahlin, die Kaiserin Gisela, hatte die Gisela von Backnang wohl aus ihrer früheren Ehe mit Herzog Ernst von Schwaben mitgebracht.

Waiblingen blieb – anders als Backnang – auch nach 1020/30 in unmittelbarem Besitz der Salier, wobei auch hier anfangs vor allem die Person der Kaiserin Gisela hervortritt. Waiblingen spielte für die Salier aber auch in späteren Jahrzehnten eine so große Rolle, daß sie sich im eigenen Selbstverständnis als die »Heinriche von Waiblingen« bezeichneten; der Name »Salier« war damals ganz ungebräuchlich. Welch große Bedeutung die Güter an der Rems für die Salier hatten, wird schon am Folgenden deutlich: Als Kaiser Heinrich IV. mitten im damals die Welt erschütternden Investiturstreit stand, schenkte er, um sich Gott gewogen zu machen, am Vorabend der Entscheidungsschlacht des Jahres 1080 Waiblingen und Winterbach an die Speyerer Bistumskirche. Mit Erfolg übrigens: Heinrichs Konkurrent Rudolf von Rheinfelden wurde tödlich verwundet, und Waiblingen kam zudem nach einiger Zeit wieder in Familienbesitz zurück.

Die Staufer – ebenfalls Waiblinger

Fast erübrigt es sich zu erwähnen, daß auch die Schwiegersöhne und Erben der Salier, die Staufer, aufs engste mit Waiblingen verbunden waren. Die Salierin Agnes, die 1079 mit dem Staufer Friedrich verheiratet wurde, ist allgemein als Agnes von Waiblingen bekannt. Noch bekannter ist die Tatsache, daß die Staufer sich in ihren wiederholten Konflikten mit den welfischen Thronkonkurrenten nach Waiblingen nannten. Der Kampfruf »Hie Welf – hie Waibling!« gehörte noch bis vor wenigen Jahrzehnten zum Bildungsgut jedes Schülers.

Weniger bekannt dürfte sein, daß die Staufer auch im Osten des heutigen Kreisgebiets, in Murrhardt, gewirkt haben. Kaiser Friedrich II. hatte um 1226 eine Liebesaffäre mit der Tochter des Murrhardter Klostervogts, der Gräfin Ruchina von Wolfsölden, einer direkten Nachkommin der Hessonen. Die »schöne Schwäbin«, wie sie in den Quellen heißt, gebar dem Kaiser sogar eine Tochter. Überdies dürfte die Affäre dem Kloster Murrhardt sein größtes baugeschichtliches Juwel eingebracht haben, die Walterichskapelle. Die Murrhardter Mönche konnten der Verlockung nicht widerstehen, vom Kaiser, der dank Ruchina so gut erreichbar war, ein Privileg zu erwirken und die Seligsprechung des Klostergründers Walterich in die Wege zu leiten.

Die Wiege Badens und Württembergs

Mit dem Untergang der Staufer um die Mitte des 13. Jahrhunderts endete die enge Beziehung der deutschen Kaiser zum Land an Rems und Murr. Schon lange hatten auch andere Geschlechter Macht und Einfluß gewonnen. Die Hessonen wurden bereits erwähnt. Sie vererbten um 1100 Backnang an die Markgrafen von Baden, die hier sogleich die zweite klosterartige Anlage auf Kreisgebiet gründeten: das Augustiner-Chorherrenstift Backnang. Backnang spielte für die Badener, die hier bis etwa 1250 ihre Grablege hatten, eine so wichtige Rolle, daß man es mit Fug und Recht als eine Art badischer Hauptstadt bezeichnen kann.

Noch folgenreicher war die Tatsache, daß sich aus einem salischen Seitenzweig, der ins Remstal nach Beutelsbach und auf den Schurwald nach Wirtemberg/Rotenberg abgedrängt worden war, das Geschlecht der Grafen von Württemberg entwickelte. Die Württemberger bauten, zunächst ganz in staufischem Fahrwasser, ihre Macht aus. Schon seit Beginn des 13. Jahrhunderts kam Waiblingen nach und nach in ihre Hand, und seit ihrem Bruch mit den Staufern 1246 bedienten sie sich ausgesprochen erfolgreich aus der staufischen Konkursmasse und erhielten rasch das gesamte Remstal mit Schorndorf und der Vogtei über das an der Rems reich begüterte Kloster Lorch.

Murrhardt
Evangelische Stadtkirche

The protestant town church

L'église protestante

Der württembergische Aufstieg war nicht mehr zu stoppen, als es gelang, um 1300 von den Badenern Backnang zu erheiraten. Von da an ging es Schlag auf Schlag: 1325 wurde Winnenden württembergisch, 1328 Ebersberg (Gem. Auenwald), 1357 Großbottwar mit Kleinaspach und Allmersbach am Weinberg, 1362 das Kloster Adelberg, das viel Besitz im Kreisgebiet hatte, 1388 Murrhardt.

Das Herz Württembergs

Damit war das Land an Rems und Murr württembergisch geworden. Nur im Osten hielten sich größere nichtwürttembergische Gebiete: um Sulzbach die Grafschaft Löwenstein, um Welzheim die Schenken von Limpurg, um Alfdorf wechselnde Rittergeschlechter. Andere nichtwürttembergische Gebiete blieben isolierte Einsprengsel.

Das Land an Rems und Murr war also seit 1300/1400 im wesentlichen württembergisch, ja es gilt mit Recht sogar als württembergische Kernlandschaft. Auch wenn sich die Geschichte als unwahr erwiesen hat, daß eigentlich Waiblingen anstelle Stuttgarts als Landeshauptstadt vorgesehen war, so zählten Waiblingen und mehr noch Schorndorf doch zu den vornehmsten württembergischen Städten, und in Beutelsbach hatte sich ursprünglich auch das Hausstift des Geschlechts der Württemberger befunden, bevor das Stift wegen der feindlichen reichsstädtischen Nachbarn aus Esslingen nach Stuttgart verlegt werden mußte.

Schorndorf
Das Brautportal an der Stadtkirche mit Skulpturen einer törichten und einer klugen Jungfrau

The Bride-Portal at the town church with the sculptures of a foolish and a wise virgin

Porte »de la Mariée« à l'église municipale avec les sculptures des vierges, l'une insensée et l'autre sage

Die Menschen an Rems und Murr, im Herzen des Landes, haben all jene Eigenschaften mit angenommen, die als »typisch württembergisch« gelten: Zielstrebigkeit, Fleiß, Tüftlertum, Hang zum Sinnieren, in manchen Fällen bis hin zur Schrulligkeit, Sparsamkeit, die insbesondere in den armen Waldgegenden zur verkniffenen Knauserigkeit werden konnte, in den Weingegenden aber durch die Fröhlichkeit des Rebensaftes etwas gedämpft wurde. All dies sind natürlich Klischees, wer wüßte es nicht. Aber niemand wird abstreiten, daß diese Eigenschaften in Altwürttemberg im allgemeinen und an Rems und Murr im besonderen häufiger auftreten als anderswo.

Das Verhältnis der Untertanen an Rems und Murr zu ihren württembergischen Herren war über die Jahrhunderte zwiespältig, typisch schwäbisch eben: sowohl – als auch, einerseits – andererseits. Einerseits hing man an seinen gräflichen, seit 1495 herzoglichen Herren, und als von 1519 bis 1534 habsburgische Fremdherrschaft im Lande war, verfluchte man sie und wollte rasch den württembergischen Herzog Ulrich wieder zurück. Andererseits wußte man im Lande sehr wohl, welch fragwürdige Gestalten manchmal das Land regierten, und erhob sich selbstbewußt und gewalttätig 1514 gegen ebendiesen Ulrich, nicht ohne ihn reumütig ein paar Jahre später wieder zurückzuwünschen und von ihm ab 1534 die Reformation im Lande einführen zu lassen.

Es war übrigens ein gebürtiger Waiblinger, Jakob Andreä (1528 – 1590), der als Professor der Theologie und Kanzler der Tübinger Landesuniversität die Reformation im Herzogtum Württemberg abschloß. Andreäs Versuch, auch den König von Frankreich vom Protestantismus zu überzeugen, scheiterte allerdings.

Es spricht gewiß nicht gegen das demokratische Selbstbewußtsein der Menschen an Rems und Murr, daß ausgerechnet in Schorndorf der große Aufstand des »Armen Konrad« von 1514 seinen Anfang nahm; am Fellbacher Kappelberg wurde er schließlich niedergeschlagen. Auch am Bauernkrieg von 1525 beteiligte man sich und ließ in manchen späteren Bürgeraufständen deutlich werden, daß der Untertan an Rems und Murr nie ein Untertan im Sinne Heinrich Manns war: 1537 und 1564/65 erhoben sich die Murrhardter, 1610 bis 1612 die Bürgerinnen von Backnang in dem vielgenannten »Gänsekrieg« gegen die Obrigkeit. Insbesondere waren es die ab 1457 regelmäßig durchgeführten Landtage, in denen dem Landesfürsten schon früh Souveränitätsrechte abgerungen wurden und die für ein gesundes Selbstbewußtsein der Bürger sorgten. Die alten Städte an Rems und Murr – Waiblingen, Schorndorf, Winnenden, Backnang (Murrhardt nicht, für die Klosterstadt galten andere Regeln) – entsandten bis 1806 je zwei Abgeordnete in den Landtag.

Das 17. Jahrhundert: Krieg und Not

Das Schicksal hat es den Menschen an Rems und Murr nie leichtgemacht. Brachte schon das 16. Jahrhundert mit seinen Reformationswirren vielerlei Not und Krieg, so war das 17. Jahrhundert die reinste Apokalypse: Wenn man sich vor Augen hält, daß während des Dreißigjährigen Kriegs durch zwei Pestepidemien 1626 und 1634/35 und durch eine entfesselte Soldateska die Bevölkerung im gesamten Kreisgebiet auf ein Drittel, teilweise sogar auf noch weniger dezimiert wurde, wenn man bedenkt, daß alle Städte und Dörfer sich in Trümmerfelder verwandelten, wenn man weiß, daß keine zwei Generationen später die Menschen hilflos erneuter Zerstörungswut ausgeliefert waren, als ab 1688 fast jährlich französische Truppen ins Land einfielen und die meisten Städte niederbrannten, dann fragt man sich, wie die Menschen all diese Qualen, diese Schicksalsschläge, diese ständige Vernichtung von Lebenswerken, von neu Geschaffenem, diesen Verlust von Familienmitgliedern überhaupt verkraften konnten. Es war vor allem wohl eine heute nicht mehr nachvollziehbare Gottergebenheit und Glaubenszuversicht, mit der die Menschen ihr Schicksal annahmen und unverzagt stets wieder von vorn begannen.

Pietismus an Rems und Murr

Natürlich haben die Katastrophen des 17. Jahrhunderts die Württemberger geprägt und die Leute an Rems und Murr zumal. Als im 18. Jahrhundert allmählich leidlich friedliche Zeiten einkehrten, begannen sie nach Gottes Willen und Zielen zu suchen. Daß man Einfluß auf die Zeitläufte haben könnte, glaubte nach den traumatischen Erfahrungen des vorangegangenen Jahrhunderts niemand mehr. Man begann sein Gewissen zu erforschen, still in sich hineinzuhören, gar Tagebuch zu schreiben, um sich ganz individuell Rechenschaft abzulegen über Gottes Pläne mit dem einzelnen Menschen. Auch den Gottesdienst begannen viele als etwas Individuelles zu sehen. Vielerorts ging man auf Distanz zur offiziellen evangelischen Landeskirche und besuchte lieber die »Stunde« als den normalen Gottesdienst. Der Pietismus hatte sich entfaltet. An Rems und Murr hatte der Pietismus, jenes bestimmende Lebensgefühl im Württemberg des 18. und teilweise auch des 19. Jahrhunderts, viele Zentren. Am wichtigsten waren sicher Fellbach und Schorndorf, aber es existierte kein Dekanat in der Gegend, in dem es nicht etliche pietistische Gruppierungen gab.

Als Wegbereiter des Pietismus gelten nicht zuletzt die »Schwabenväter« Johann Albrecht Bengel (1687–1752) und Friedrich Christoph Oetinger (1702–1782). Bengel, gebürtiger Winnender und zeitweilig Schüler in Schorndorf, war in Denkendorf als Präzeptor, also als Lehrer an der Klosterschule, tätig. Neuerdings werden seine textkritischen Untersuchungen zur Bibel immer mehr beachtet, da sie weit über das zu seiner Zeit erstarrte, nur an Luther fixierte Schriftverständnis der evangelischen Kirche hinausgingen. Aufgrund seiner Studien glaubte Bengel den Zeitpunkt der Wiederkehr Christi errechnen zu können – das Jahr 1836, wie Bengel meinte. Zwar hat sich diese Berechnung als falsch erwiesen, doch bleibt Bengels immenser Einfluß auf Philosophen wie Schelling oder Hegel unbestritten.

Oetinger war von 1765 bis zu seinem Tod Prälat in Murrhardt. Seine Bedeutung wäre sicher unzureichend umschrieben, brächte man ihn nur mit dem Pietismus in Verbindung. Der Theosoph Oetinger vereinigte in sich das Enge und das Weite, beeinflußte Hölderlin und Schiller, fand das universale Weltgesetz in der kleinen Beschränktheit; sein geistiger Horizont reichte von der spekulativen Theologie bis hin zur Alchimie und Naturwissenschaft. Darüber hinaus war der Schwabe Oetinger ein tüchtiger Geschäftsmann: Er kurbelte mehrere Bergwerksunternehmen an und hielt Aktienanteile daran.

Das Streben nach Einheit und Freiheit und der Beginn der Industrialisierung

Alle Versuche, aus dem Boden Kohle, Salz oder Silber zu schürfen, scheiterten, so daß das Land an Rems und Murr als eine fast ausschließlich von der Landwirtschaft bestimmte Gegend ins 19. Jahrhundert eintrat. Die neue Zeit begann unruhig: Napoleons Kriege wälzten die Welt um, und natürlich hatte man auch hierzulande für die kriegerischen Unternehmungen des Korsen, vor allem für dessen gescheiterten Rußlandfeldzug, einen hohen Blutzoll zu zahlen. Im Fahrwasser Napoleons ließ König Friedrich von Württemberg die jahrhundertealte Verwaltungsstruktur umorganisieren. An Rems und Murr entstanden die Oberämter Backnang, Schorndorf, Waiblingen und Welzheim, einige Randbereiche des heutigen Kreisgebiets gehörten zu den Oberämtern Cannstatt, Gaildorf und Marbach.

Man war mit den monarchischen Neuerungen nicht unzufrieden, man erkannte jedoch deren Mängel sehr wohl und beteiligte sich deshalb an der Revolution von 1848/49. Die ersten an Rems und Murr frei gewählten Abgeordneten der deutschen Geschichte verdienen durchaus eine namentliche Erwähnung: der Professor Christian Friedrich Wurm für Waiblingen, der Rechtsanwalt Gottlob Tafel für Schorndorf und Welzheim und der Schlossermeister Ferdinand Nägele für Backnang. Alle drei gehörten in der Frankfurter Paulskirche bemerkenswerterweise der politischen Linken an, und alle drei waren bitter enttäuscht, als das große Werk von 1848/49 – Einheit und Freiheit für Deutschland – scheiterte.

Als im Jahre 1871 mit der Gründung des Bismarck-Reiches die deutsche Einheit erreicht wurde, standen viele Menschen an Rems und Murr dem neuen Staat mit großer Skepsis gegenüber. Man monierte, ganz in der Tradition Nägeles, Tafels und Wurms, daß das neue Reich zu preußisch und zu wenig demokratisch sei. Erst im Lauf einiger Jahrzehnte wurden die schwarz-rot-goldenen Demokraten zu schwarz-weiß-roten Bürgern des Kaiserreichs.

Die zweite Hälfte des 19. Jahrhunderts brachte an Rems und Murr den Beginn der Industrialisierung. Der Bau der Rems- und Murrbahn hatte das Land eng mit Stuttgart verbunden, und schon früh fanden dort Pendler ihre Arbeit. Den Ausdruck »Pendler« prägte übrigens der aus Murrhardt stammende Präsident des Statistischen Landesamtes Hermann Losch.

Auch derjenige, der mit seiner Erfindung das 20. Jahrhundert geprägt hat wie kein anderer, stammte aus dem heutigen Kreisgebiet: Gottlieb Daimler aus Schorndorf.

Waiblingen

Die Grabkrone der Kaiserin Gisela aus dem Jahre 1043. Kopie im Museum der Stadt.

The grave-crown of the empress Gisela from 1043 a. D. Copy in the town museum.

La couronne funèbre de l'impératrice Gisèle datant de 1043 dont la copie se trouve au musée de la ville.

Backnang
Die Krypta der ehemaligen Stiftskirche mit den Sarkophagen der Markgrafen von Baden (vorne links) und der Markgräfin Judintha von Baden († 1162)

The crypt from the former collegiate church with the sarcophagus of the margrave of Baden (front left) and the marchioness Judintha of Baden († 1162)

La crypte de l'ancienne église collégiale avec les sarcophages des margraves de Bade (à l'avant, à gauche) et de la margrave Judinthe de Bade († 1162)

Winnenden
Detail des Hochaltarretabels von 1520 in der evangelischen Schloßkirche. Links der heilige Jodokus, rechts der heilige Paulus.

Detail of the high altar retable, dated 1520, in the Protestant castle church. Left Saint Jodokus, right Saint Paul.

Détail du retable du grand autel, de l'an 1520, dans l'église protestante du château. A gauche Saint Jodoque, à droite Saint Paul.

Murrhardt

Westportal der um 1225 erbauten Walterichskapelle, ein Höhepunkt spätromanischer Baukunst

Western portal of the Walterich Chapel, built in 1225, a highlight of the late Romanesque style

Porte ouest de la chapelle du saint Gautier, édifiée en 1225 et chef d'œuvre d'art roman

Murrhardt

Die evangelische Stadtkirche war das Zentrum der Benediktinerabtei. Rechts das heutige Pfarrhaus und der Hexenturm.

The protestant town church was the centre of the Benedictine abbey. Right the current parsonage and the witch-tower.

Jadis l'église protestante de la ville était le centre de l'abbaye bénédictine. A droite: le presbytère et la Tour aux Sorcières.

Das 20. Jahrhundert

Die beiden Weltkriege

Die erste Hälfte des 20. Jahrhunderts ist auch an Rems und Murr durch die beiden Weltkriege gekennzeichnet. Der Erste Weltkrieg brachte nicht nur millionenfaches Leiden an den Fronten, erstmals kämpfte und litt auch die »Heimatfront« mit. Infolge der englischen Seeblockade herrschte in Deutschland spätestens seit 1916 Hunger; etwa 700 000 Zivilisten starben bis 1918 an Hunger oder hungerbedingten Krankheiten.

Das Land an Rems und Murr war von dem allgemeinen Sterben noch vergleichsweise wenig betroffen. Trotz aller Industrialisierung war die Wirtschaft noch stark agrarisch geprägt, und so gab es hier allemal mehr zu essen als in Stuttgart. Die Stuttgarter machten das Rems- und Murrtal sogar zum Ziel ihrer Hungerfahrten. Allerlei Wertsachen wurden gegen einen Sack Kartoffeln oder ein Pfund Butter umgetauscht. Das politische Leben war 1914/18 weitgehend zum Erliegen gekommen: Fast alle wichtigen Politiker waren zum Kriegsdienst einberufen. Immerhin sind dennoch bemerkenswerte Ereignisse zu vermelden. Unmittelbar vor Kriegsbeginn kam es in Backnang zu einer Massendemonstration gegen den Krieg. Dies paßt ebensowenig in den allgemeinen Begeisterungstaumel des August 1914 wie die Aktivitäten des Schorndorfer Arbeiterdichters Ludwig Palmer. Die Backnanger führten auch während des Krieges eine Unterschriftensammlung gegen den Krieg durch. Und Backnang war der einzige Ort des heutigen Kreisgebietes, wo die Revolution 1918/19 eine echte Revolution war: Das Oberamt wurde gestürmt, der Oberamtmann – er entspricht dem heutigen Landrat – seines Amtes enthoben; zweimal marschierte die Reichswehr in Backnang ein, um kommunistische Umsturzversuche zu unterbinden.

Der Nationalsozialismus brachte Terror und Krieg. Verhaftungen Oppositioneller gab es im heutigen Landkreis schon 1933. 1934 eskalierten wieder in Backnang die Verhältnisse, wo der von einem Kommunisten verübte Mord an einem Polizisten Anlaß für vielfache Repressalien der Machthaber war.

Die nationalsozialistischen Gewalttaten überzogen auch das Land an Rems und Murr: In Welzheim wurde ein Konzentrationslager errichtet. Viele Menschen wurden hier ermordet. Die Welzheimer, die entsetzt waren über die Schreie hinter den KZ-Mauern, konnten den Terror nicht verhindern. In Rudersberg wurden in einem Arbeitslager Frauen und Mädchen gefangengehalten; viele von ihnen wurden von hier in Vernichtungslager gebracht.

Als 1945 der Zweite Weltkrieg zu Ende ging, berührten die Kriegsauswirkungen erstmals in größerem Umfang auch die hiesige Gegend. Bombenschäden hatte es schon zuvor gegeben, vor allem in den nahe Stuttgart gelegenen Orten des Kreisgebiets. In den letzten Kriegstagen wurden die eigentlich weitab gelegenen Orte Fornsbach und Kirchenkirnberg (heute beide nach Murrhardt eingemeindet) durch amerikanische Luftangriffe fast völlig zerstört.

Damit war die schwärzeste Epoche der deutschen Geschichte auch an Rems und Murr vorüber. Es scheint angesichts der demokratischen Traditionen dieser Gegend aber kein Zufall, daß es hier bereits im Juni 1945 in der Murrhardter »Sonne-Post« mit der württembergischen Landrätekonferenz die ersten deutschen Neuansätze zur Demokratie gab.

*Industrielle Entwicklung
und neue Verwaltungsstrukturen*

Die Industrialisierung, die im 19. Jahrhundert zaghaft begonnen hatte, sorgte zu Beginn des 20. Jahrhunderts zumindest in den Städten für einen weitgehenden Strukturwandel und setzte sich insbesondere seit dem Ende des Zweiten Weltkriegs in einem so raschen Tempo fort, daß heute der Landschaftsverbrauch durch Industrialisierung, Wohnbebauung und Verkehrsflächen vor allem im Westteil des Kreises zum großen Problem geworden ist. Dabei ist eine Entwicklung weg von den einfacheren Formen der Industrie – Textil, Gerberei – hin zu anspruchsvoller High-Tech festzustellen.

Die Verwaltung mußte Konsequenzen aus dem Wandel ziehen. Die Verwaltungsstrukturen wurden grundlegend geändert, einmal durch die Aufhebung der Oberämter 1938 und deren Zusammenfassung in den Landkreisen Backnang und Waiblingen, dann durch die Gemeindereform um 1970, die viele kleine Kommunen ihre Unabhängigkeit kostete, und durch die Schaffung des Rems-Murr-Kreises 1973. Fellbach schaffte bereits 1933 den Aufstieg vom Dorf zur Stadt. Die jüngste Stadt im Kreis ist das 1976 durch die Zusammenlegung mehrerer Gemeinden entstandene Weinstadt.

Kunst- und Kulturdenkmale

Der Rems-Murr-Kreis ist trotz des sozialen und wirtschaftlichen Wandels, trotz aller Modernisierung und High-Tech nicht nur ein Kreis, in dem man erfolgreich arbeiten und Geld verdienen kann. Die abwechslungsreiche Landschaft, die imponierende Geschichte und der kulturelle Reichtum des Kreisgebiets bieten auf Schritt und Tritt vielfältige Naturschönheiten und eindrucksvolle Baudenkmäler und Museen.

Städte

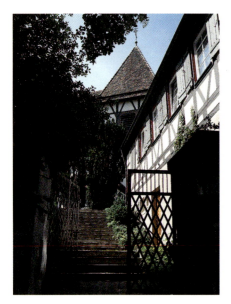

*Murrhardt
Friedhofstreppe
zur Walterichskirche*

*Cemetary steps
leading to the
Walterich Chapel.*

*Escalier menant
du cimetière à la
chapelle du saint
Gautier*

Viele Städte an Rems und Murr haben in ihrer bürgerlichen Bausubstanz vor allem Gebäude aus der Zeit seit dem 17. Jahrhundert. Häuser aus der Zeit vor dem Dreißigjährigen Krieg sind kaum erhalten. Dennoch bieten Backnang, Waiblingen, Schorndorf und Winnenden – allesamt im 17. Jahrhundert zerstört, zum Teil sogar mehrfach – in ihren Altstädten noch ein letztlich spätmittelalterliches Bild. Man hat sich in diesen Städten beim Wiederaufbau nach den Katastrophen des 17. Jahrhunderts an die Struktur der alten mittelalterlichen Grundrisse gehalten. Erst das 20. Jahrhundert hat, insbesondere in Backnang und Waiblingen, großräumige Neubauten im alten Stadtkern geschaffen, die mit dem Stadtgrundriß als städtebaulich sinnvollem Ensemble und letztlich als gewachsenem, aufeinander abgestimmtem Gesamtkunstwerk brachen. Das Erhaltene und seit den späten siebziger Jahren liebevoll Gepflegte ist dennoch beeindruckend: Die vier Städte zeigen in ihrem Ortskern ein unverwechselbares Gesicht, geprägt durch so bekannte Fachwerkgebäude wie etwa das Backnanger Rathaus oder die Palmsche Apotheke in Schorndorf.

Neben Backnang, Waiblingen, Schorndorf und Winnenden treten die anderen Städte des heutigen Kreises architektonisch eindeutig zurück. Die Stadtarchitektur der Waldstädte Murrhardt und Welzheim war immer bescheidener, und beide Städte hatten überdies das Pech, nach den Verwüstungen des 17. Jahrhunderts im 18. Jahrhundert nochmals zerstört zu werden: Beide brannten durch Unglücksfälle ab. Daher stammen die ältesten Bürgerhäuser Murrhardts und Welzheims – neben wenigen Ausnahmen – aus dem 18. Jahrhundert. Fellbach und Weinstadt, die bis ins 20. Jahrhundert Dörfer waren, besitzen ohnehin keine städtische Bausubstanz aus ihrer Vergangenheit.

Kirchen und Klöster

In Murrhardt liegt neben der Altstadt der Klosterbezirk. Nicht nur die überall genannte spätromanische Walterichskapelle, ein an Skulpturen überreiches Schmuckstück staufischer Baukunst, ist eine Erwähnung wert. Die Klosteranlage wirkt erst als Ensemble, und dazu gehört die große zweitürmige Klosterkirche St. Januarius (heute evangelische Stadtkirche) ebenso wie das Refektorium mit seiner imponierenden Reihe schlanker Spitzbogenfenster oder der romanische Fürstenbau und, den Klosterbezirk abschließend, der große Block des »Langen Baus«. Daß im Carl-Schweizer-Museum gleich nebenan ganze Bauteile des verschwundenen Klosters rekonstruiert worden sind, sei nur der Vollständigkeit halber erwähnt. Die schlichte Walterichskirche auf einem Hügel gleich über dem Kloster krönt die gesamte Anlage.

Vom Backnanger Chorherrenstift ist auf den ersten Blick weniger erhalten. Die Stiftskirche St. Pankratius (heute ebenfalls evangelische Kirche) enthält allerdings durchaus alte Bauteile: Die Türme stammen aus dem 12. Jahrhundert, der große Chor ist ein großartiges Bauwerk aus der Zeit um 1500, nur das Schiff wurde nach der Franzosenkatastrophe von 1693 in ganz einfachen Formen wieder aufgebaut. Den historisch interessantesten Teil der Kirche bekommen die meisten Besucher gar nicht zu Gesicht: die Grablege der Markgrafen von Baden in der Krypta der Kirche. Rund um die Stiftskirche erstreckt sich der äußere Stiftsbereich: Das heutige Dekanat, das Finanzamt, das Amtsgericht – sie alle waren einst Teil des Stiftes, wobei der unvollendete Schloßbau (um 1605/1630) des württembergischen Landesbaumeisters Heinrich Schickhardt gewiß der wertvollste Teil des äußeren Stiftsbezirks ist. Gleich außerhalb des alten Stifts steht der Stadtturm mit seiner ebenfalls von Schickhardt gebauten Turmhaube. Er ist der letzte Rest der alten Stadtkirche St. Michael. In ihm wird gerade der Turmchor des 13. Jahrhunderts wiederhergestellt – ein erst seit kurzem richtig eingeschätztes Bauwerk von europäischem Rang.

In Weinstadt-Beutelsbach befand sich bis zu seiner Verlegung nach Stuttgart 1320/21 ein weiteres Stift, das die Grablege der Grafen von Württemberg beherbergte. Natürlich ist von der damaligen Anlage unter baulichen Gesichtspunkten nicht mehr allzuviel vorhanden, aber die Beutelsbacher Kirche, eine ausgesprochen stattliche Dorfkirche, enthält insbesondere noch jenen bemerkenswerten Grabstein mit württembergischem Wappen, der unter den Landesgeschichtlern in den letzten Jahren für heftige Diskussionen gesorgt hat. Zu seiner Glanzzeit war das Beutelsbacher Stift eine Anlage, die an Bedeutung der in Backnang durchaus gleichkam.

Schlösser und Burgen

Natürlich hatten alle alten Städte des Kreises feste Stadtmauern. Sie sind vor allem in Waiblingen noch zu guten Teilen und mit mehreren Türmen vorhanden. Eine Sonderstellung nimmt Schorndorf ein. Herzog Ulrich ließ im 16. Jahrhundert die Stadt in eine Festung umwandeln. Davon erhalten ist insbesondere noch das Schloß, das den Kern der alten Festungsanlage bildete. Die mächtige evangelische Stadtkirche zeigt, daß Schorndorf einst eine der reichsten Städte des Herzogtums Württemberg war. Allein wegen ihres Marienchors wäre die Schorndorfer Stadtkirche eine Reise wert: Hier hat der Baumeister dem Kreuzrippengewölbe ein Maximum an Formen- und Skulpturensprache verliehen, das kaum zu übertreffen ist.

Schlösser stehen nicht nur in Schorndorf oder – in Form des unvollendeten Schickhardt-Baus – in Backnang. Von den übrigen Schlössern des Kreises seien nur die beiden größten genannt.

Das Schloß in Winnenden-Winnental war früher Deutschordenskommende und danach Sitz einer Nebenlinie des Hauses Württemberg. Es beherbergt jetzt das Psychiatrische Landeskrankenhaus. Der Ausdehnung nach dürfte das im wesentlichen ins 16./17. Jahrhundert zurückreichende Gebäude das größte Schloß im Kreis sein. Die Schloßkirche beherbergt mit ihrem überwältigenden Schnitzaltar aus dem 16. Jahrhundert eines der größten Holzkunstwerke des ganzen Landes.

In Kernen-Stetten befindet sich die auf die Familie Thumb von Neuburg zurückreichende Schloßanlage aus dem frühen 16. Jahrhundert, die heute Heimstätte für die Anstalt Stetten ist. Das Schloß zeichnet sich außer durch seine äußere Erscheinung namentlich durch die mit reichem Stuck verzierten Säle aus. Neben den Schlössern sind im Kreis bemerkenswerte mittelalterliche Burgen erhalten geblieben. Meist haben die Kriege des 17. Jahrhunderts, verbunden mit Nutzungsänderungen, bewirkt, daß die alten Burgen nur als Ruinen auf uns gekommen sind. Aber auch unter den Ruinen verdienen es einige, hervorgehoben zu werden: Da ist die für die Landesgeschichte so bedeutende Ruine der Burg Beutelsbach oder der markante leere Steinkasten der Yburg bei Kernen-Stetten. Mehr erhalten ist von der Burg Winnenden (heute: Winnenden-Bürg), wo im 13. Jahrhundert der Diplomat und Minnesänger Gottfried von Neifen dichtete. Die alte Wasserburg Oppenweiler ist nur noch in der umgestalteten Form des 18. Jahrhunderts erhalten, vermittelt aber dennoch einen Eindruck von der schönen Lage der alten Wasserburg.

Die besterhaltenen Burgen des Kreises sind der Waldenstein (Gem. Rudersberg), der Ebersberg (Gem. Auenwald) und insbesondere der Reichenberg (Gem. Oppenweiler). Der Reichenberg mit seinem voll erhaltenen Mauerring, seinem gewaltigen runden Bergfried, seiner kunstvoll ausgemalten Burgkapelle, nicht zuletzt mit den Hühnern und dem Vieh im Innenhof, mit denen sich das hier untergebrachte evangelische Frauenheim selbst versorgt – es kann im Mittelalter hier auch nicht viel anders ausgesehen haben.

Schorndorf
Eckturm des Schlosses. Im Hintergrund der Turm der evangelischen Stadtkirche.

Corner tower of the castle. In the background tower of the protestant town church.

Tour d'angle du château. Au fond, la tour de l'église protestante de la ville.

Dörfer und Mühlen

Kultur an Rems und Murr ist, das haben schon die Burgen gezeigt, nicht nur städtische Kultur. Was in den zahlreichen Dorfkirchen an Schätzen ruht, kann in diesem Rahmen nicht einmal ansatzweise gezeigt werden. Erwähnt sei nur die Kirche in Waiblingen-Neustadt mit ihren einzigartigen, fast komplett erhaltenen Wandmalereien des 14. Jahrhunderts oder die Kirche in Oppenweiler mit Grabmälern der Ritterfamilie Sturmfeder. Die Sturmfeder-Gräber mit ihren oft voll skulptierten Darstellungen wirken wie eine steingewordene Ahnengalerie des Geschlechts. Ganz verborgen und abseits vom Durchgangsverkehr verdient auch die Kirche in Aspach-Rietenau besondere Beachtung, wo die Grabmale der Forstmei-

Oppenweiler-Reichenberg
Die Burg wurde 1225/30 durch Markgraf Hermann von Baden erbaut. Heute Landheim für Frauen und Mädchen.

The castle was built in 1225/30 by margrave Hermann von Baden. Today it is a country home for women and girls.

Construit en 1225/30 par le margrave Hermann de Bade, le château-fort sert aujourd'hui de foyer de repos pour femmes et jeunes filles.

sterfamilie Minner einen ähnlichen Eindruck erwecken wie die der Sturmfeder in Oppenweiler.

Unter den vielen Dörfern und Weilern des Kreises gibt es fast keinen Ort, in dem nicht schmucke Fachwerkgebäude zu finden sind. Oft wieder schön restauriert, zeigen sie, wie die Oberschicht früherer Jahrhunderte gelebt hat. Denn Häuser der bäuerlichen Oberschicht finden wir in aller Regel vor, wenn wir alte Fachwerkhäuser bewundern. Die kümmerlichen Armeleutehäuser von einst sind längst verschwunden.

Eine besondere Rolle spielten und spielen die Mühlen. Neuerdings hat man an den Hauptflüssen des Kreises, an Rems und Murr, die eine oder andere Mühle wieder zur Energiegewinnung hergerichtet. Mühlen mahlen ja nicht nur, sondern können als Kleinkraftwerk auch zur Stromversorgung beitragen. Das Entzücken des Betrachters rufen allerdings weniger die unauffälligen, turbinengetriebenen Kleinkraftwerke hervor, sondern jene Mühlen, die – beispielsweise am Mühlenwanderweg am Ostrand des Kreises – ihre Wasserräder zeigen und wie in Wilhelm Buschs »Max und Moritz« mit Mühlsteinen das Getreide zerkleinern.

Stellvertretend für viele seien hier die Meuschenmühle, die Menzlesmühle, die Heinlesmühle und die Hummelgautsche am Mühlenwanderweg genannt, die Schloßmühle bei Murrhardt-Fornsbach, die Mittelfischbacher Mühle bei Großerlach oder die Rümelinsmühle in Murrhardt, die als einzige Mühle noch regulär – also nicht für Museumszwecke – mit Wasserrad arbeitet.

Oppenweiler
Das Wasserschloß der Herren von Sturmfeder aus dem Jahre 1783. Heute Rathaus.

The moated castle of the Lords von Sturmfeder, built in 1783. Today it accomodates the Town Hall.

Le château entouré d'eau des Seigneurs de Sturmfeder, construit en 1783, est aujourd'hui l'Hôtel de ville.

Sulzbach an der Murr

Das ehemals gräflich löwensteinsche Wasserschloß Lautereck aus dem 16. Jahrhundert

The former moated castle Lautereck of the Counts of Löwenstein, dating from the 16th century

Le château Lautereck, entouré d'eau, qui appartenait aux seigneurs évêques de Löwenstein date du 16ᵉ siècle

Schorndorf

Das Schloß von 1538 bildete den Kern der württembergischen Landesfestung Schorndorf. Heute Finanzamt und Straßenbauamt.

The castle, built in 1538, is the centre of the state fortress of Wuerttemberg Schorndorf. Today it accomodates the Tax Office.

Au château de 1538, jadis centre de la fortification wurtembergeoise de Schorndorf, travaille aujourd'hui la Trésorerie et le service des ponts et chaussées

Oben/Above/Haut:
**Berglen-
Oppelsbohm**
Mitte/Middle/Milieu:
**Weinstadt-
Beutelsbach**
Unten/Below/Bas:
**Auenwald-
Ebersberg**

Romantische Dorfkerne

Romantic Village Centres

Villages pittoresques

Oben/Above/Haut:
Spiegelberg
Mitte/Middle/Milieu:
Remshalden-Buoch
Unten/Below/Bas:
Remshalden-Grunbach

Altwürttembergische Kirchtürme

Old Church-Towers of Wuerttemberg

Tours d'église de l'ancien Wurtemberg

Links/Left/A gauche:
Allmersbach im Tal
Mitte/Middle/Milieu:
Remshalden-Grunbach
Oben/Above/Haut:
Aspach-Großaspach
Unten/Below/Bas:
Schorndorf-Haubersbronn

Alfdorf

Das alte Rathaus stammt aus dem Jahre 1680.

The old town hall was built in 1680.

L'Hôtel de ville ancien date de l'an 1680.

Das Untere Schloß ist heute noch Wohnsitz der Familie vom Holtz.

The Family vom Holtz still resides in the Untere Schloß (lower castle).

Le Château inférieur est encore de nos jours le domicile de la famille noble vom Holtz.

Oben/Above/Haut:
Kirchberg/Murr
Links/Left/A gauche:
Schwaikheim
Mitte/Middle/Milieu:
Weissach im Tal
Unten/Below/Bas:
Winnenden-Bürg

Dorfansichten

Village Views

Vues de villages

Oben/Above/Haut:
Urbach
Mitte/Middle/Milieu:
Winterbach
Rechts/Right/A droite:
Plüderhausen
Unten/Below/Bas:
Rudersberg

Alfdorf-Meuschenmühle
Die 1787 erbaute Mühle besitzt noch eine vollständige Mahlanlage aus dem 19. Jahrhundert.

The mill, built in 1787, is still equipped with a complete milling installation from the 19th century.

Le moulin édifié en 1787 possède encore son complet ouvrage de mouture qui date du 19ᵉ siècle.

Kaisersbach-Menzlesmühle
Auch diese im 18. Jh. erbaute Mühle liegt am Mühlenwanderweg im Welzheimer Wald.

The Menzlesmühle, built in the 18th century, is also situated at the Mill Hiking Trail, a popular trail in the Welzheimer woods.

Le moulin de la Menzlesmühle, construit au 18ᵉ siècle, situé aussi sur le Parcours des Moulins dans la forêt de Welzheim.

Rudersberg-Michelau
An der Ölmühle

At the oil mill

Au moulin d'huile

Alfdorf-Heinlesmühle

Die aus dem frühen 16. Jahrhundert stammende Mühle wurde bis vor kurzem noch als Sägmühle genützt.

The mill which originates from the 16th century was until recently used as sawmill.

Datant des premierès années du 16ᵉ siècle le moulin de la Heinlesmühle a travaillé comme scierie.

An Rems und Murr
Streuobstwiesen und Weinberge prägen die Landschaft.

Scattered fruit meadows and vineyards form the landscape.

Paysage dont les traits sont caractérisés par les prés et leurs arbres fruitiers et les vignes.

Das Leben an Rems und Murr

Mensch und Landschaft

Im Herzen Baden-Württembergs gelegen, gehört der Rems-Murr-Kreis zur wirtschaftlich aktivsten Region des Landes, in der auf 10 Prozent der Landesfläche 30 Prozent des Bruttosozialprodukts erwirtschaftet werden. Diesen Landkreis kennzeichnet ein harmonischer Vierklang, bestehend aus der Wirtschaftskraft, aber auch aus Naturschönheiten in einer Erholungslandschaft; die Hälfte der Fläche des Kreises ist als Naturpark ausgewiesen. Hinzu kommen vorzügliche Weine, herzhafte Trollinger und frische Rieslinge, sowie eine leistungsfähige Gastronomie.

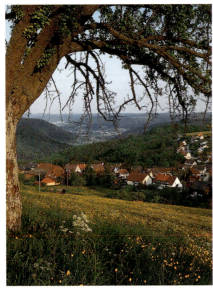

Juxkopf
Von hier aus öffnet sich der Blick ins Land.

From here you have a view over the country.

Du haut du Juxkopf le regard s'ouvre sur le pays.

Der Rems-Murr-Kreis ist einer der vielseitigsten Landkreise in Baden-Württemberg. Er kann aber auch als Modell für das Land betrachtet werden. Dieses ist erst 1952 entstanden. An Rems und Murr lebten aber schon Jahrhunderte zuvor Badener und Württemberger einträchtig nebeneinander. Aus Beutelsbach kam die Luitgart, also die Stammutter der Württemberger, die bis zum Jahr 1311 dort ihre Familiengrablege hatten. Die Markgrafen von Baden hatten ihren ursprünglichen Stammsitz in Backnang und bis etwa 1250 dort auch ihre Grablege. Das ärgert die Badener sicher heute noch: Badens Wurzeln liegen im Schwäbischen.

Doch schon früher war dieses Gebiet Grenzland. Der obergermanische Limes verlief von Lorch aus über den Haghof und dann schnurgerade nordwärts durch den Landkreis, das Reich der Römer von dem Gebiet der Germanen trennend. Trotz Mauer, Graben, Palisaden, Türmen und Bewachung wurde der Limes bekanntlich überrannt. Mauern, dies lehrt auch die neuere Geschichte, bestehen nicht ewig. Sie trennen nicht nur. Man lebt dort eben auch miteinander. Jahrhunderte später verlief die alamannisch-fränkische Grenze west-ostwärts durch den Kreis, auf der Linie Lemberg–Berglen–Murrhardt, also etwa entlang der Wasserscheide zwischen Rems und Murr, so daß in diesem Gebiet Schwaben und Franken einander begegneten.

Der Landkreis erstreckt sich unmittelbar von der Landeshauptstadt Stuttgart, dem Ballungsraum der Region, bis hin zum ländlichen Bereich des Schwäbischen Waldes im Osten. Die Rems mit 81 km und die Murr mit 54 km Länge – die Flußnamen sind keltischen Ursprungs – durchziehen den Landkreis von Ost nach West und münden in den »Schwabenstrom«, den Neckar. An den Keuperhängen wächst Wein, während es an den Keuperoberflächen der Berglen und des Schwäbischen Waldes »einen Kittel kälter« ist. Die »Champagnerluft« lockt die Städter zur Naherholung »um die Ecke«. Es ist ein Erlebnis, im Landkreis mit seiner vielseitigen Landschaft zu wandern, die mindestens so attraktiv ist wie die des nördlichen Schwarzwalds. Die Mischwälder werden von Wiesen und Rodungsgebieten unterbrochen, und häufig eröffnen sich Blicke in die Ferne, etwa von Schmalenberg auf die Wieslauf oder von Pfahlbronn auf die Kaiserberge im Nachbarlandkreis. Gemütliche »Wirtschäftle«, die sich immer mehr herausputzen und ihr Angebot verfeinern, aber auch renommierte Feinschmeckerrestaurants verwöhnen die Gäste und locken zu Einkehr und Verzehr, zum geselligen Beieinander und Miteinander. So wird alles geboten, was in einer Arbeits- und Freizeitgesellschaft erwartet wird.

Der Bauernaufstand des »Armen Konrad« im Remstal, der sich gegen die Willkürherrschaft von Herzog Ulrich richtete, führte zum Tübinger Vertrag von 1514. Er war die erste Freiheiten verbürgende Urkunde des Landes. Bis heute gibt es hier die »Remstalpolitik«, womit eine besonders enge Verbundenheit zum Bürger und Wähler gemeint ist. Man bemüht sich um vernünftige Lösungen, nicht so sehr um Ideologie. Zur Kommunalpolitik gehört aber auch eine Prise Schlitzohrigkeit. Unvergessener Repräsentant dieser Politik ist Reinhold Maier mit seinem Bekenntnis zur »Graswurzeldemokratie«.

Alles in allem ein liebens- und lebenswerter Landkreis, der sich seit seinem Entstehen vor 20 Jahren, im Jahr 1973, unter den Landkreisen des Landes einen guten Namen gemacht hat, mit neuen Ideen und Innovationen, mit Modellvorhaben und Spitzenleistungen. Er ist zuverlässig und setzt Maßstäbe, so daß DIHT-Präsident Hans Peter Stihl vom »Musterkreis im Musterländle« sprach und Prälat Rolf Scheffbuch von einem Landkreis, der »Vorbildcharakter hat«.

Auf 858 km² wohnen im Rems-Murr-Kreis über 390 000 Menschen. Die Tendenz ist steigend, dies zeigt die Anziehungskraft dieses Raumes. Die Einwohnerdichte liegt damit bei 450 Einwohnern pro km², also erheblich über dem Landesdurchschnitt mit 278 Einwohnern pro km². Man wohnt enger beieinander, was natürlich nicht immer gutgeht. Nicht nur weil man mehr Anlaß haben könnte, sich aneinander zu reiben, sondern auch weil die Landschaft intensiver verbaut wird und der Straßenverkehr zunimmt. Im Mittelpunkt dieses Landkreises steht zweifelsohne der Mensch. Sicherlich hat man so etwas schon oft behauptet, etwa wenn Politiker davon reden, »im Mittelpunkt der Politik steht der Mensch«, oder wenn es heißt, im Handel sei »der Kunde König« oder in den Krankenhäusern »gehe es um den Patienten«. Also nichts Neues. Und dennoch, für den Rems-Murr-Kreis trifft dies zu, denn alles, was erreicht wurde, war verbunden mit menschlicher Tätigkeit. Häufig war es Mühsal, aber es gab auch schöpferische Einfälle. Der Raum ist rohstoff- und energiearm. Er liegt zudem auch heute noch im Verkehrsschatten, weil die Verkehrspolitik des Landes und des Bundes diesen Bereich sträflich vernachlässigt. So muß das Gute, etwa die geringe Arbeitslosigkeit, die zu den niedrigsten im Bundesgebiet gehört, oder die überdurchschnittliche Exportquote von 33 Prozent, einen besonderen Grund haben. Nach einer Berechnung des Statistischen Landesamtes zählt die Kaufkraft der Haushalte an Rems und Murr zu den stärksten im Land und liegt weit höher als die von Stuttgart, Ulm oder Karlsruhe.

Dennoch oder vielleicht gerade deswegen haben sich bei den Menschen typische Eigenschaften entwickelt. Die schwäbischen Tugenden gelten hier noch etwas. Es ist nun einmal ein Landkreis der »Schaffer und Sparer«, »Tüftler und Grübler«, selbst wenn diese Eigenschaften natürlich auch einem Wandel unterliegen. Man ist bodenständig, heimatbewußt und zugleich weltoffen. Viele, die beruflich rund um den Erdball jetten, wie etwa Hans Peter Stihl, meinen, »am liebsten zu Hause zu sein«. Dies kann man nachempfinden. Der Rems-Murr-Kreis ist ein besonders attraktiver Lebensraum: eine eigenartige Mischung von global tätiger Wirtschaft, guten Dienstleistungen, reizvoller Landschaft, Geselligkeit und zwanglosem Behagen – etwa in einer zünftigen Wirtschaft. Der Rems-Murr-Kreis ist nun mal ein Landkreis der »Viertele und Rostbraten«. Eine typisch schwäbische Speise sind im übrigen Maultaschen. In der Teigfüllung versteckten einst schlitzohrige Mönche während der Fastenzeit das Fleisch. Diese Mischung von Anteilnahme an dem, was auf der Welt geschieht, und dem Verwurzeltsein in der Heimat, in einer kulturell anregenden Umgebung, ist es, was das Leben lebenswert macht.

Der Landkreis ist in eine ruhige, abwechslungsreiche Landschaft eingebettet, geprägt von den Flußtälern der Rems und der Murr. Aber auch die Wieslauf, der Buchenbach, die Weissach und der Trautzenbach wären zu erwähnen. Dazu der Schurwald, die Berglen und der Schwäbische Wald. Insgesamt eine Erholungslandschaft von gewinnender Lieblichkeit mit Wäldern, Wiesen, Seen, Bächen, Tälern und Schluchten. Es ist eine Landschaft ohne dramatische Akzente, kein Höhenzug wirkt bestimmend, es gibt keine schroffen Gegensätze; alles spielt sich zwischen 200 und 600 Metern über dem Meeresspiegel ab. Eine Landschaft zum Wandern, aber auch zum Träumen. Eben so, wie Christian Morgenstern einmal meinte: »Jede Landschaft hat ihre eigene, besondere Seele.«

Das Gesicht der Orte ist von Fachwerk geprägt. Diese Fachwerkherrlichkeit mit reicher Schnitzerei des Balkenwerks, das viele Neidköpfe zur Abwehr zieren, ist nicht nur historisch, sondern auch landschaftlich bedingt. Der waldreichen Naturlandschaft entspricht die Baulandschaft des Fachwerks. Rund 5000 Baudenkmale sind Zeugnisse einer reichen Geschichte. Alles wirkt redlich und gediegen. Die Ortskerne werden allenthalben im Rahmen der Stadtentwicklung oder Dorferneuerung herausgeputzt. Es ist erstaunlich, was sich alles tut. Neubauten passen sich meist gut in die Umgebung ein, trotz des Bestrebens der Bauherren, ihre Grundstücke maximal zu nutzen. Es ist eine Freude, durch die alten Ortschaften zu schlendern, die im Grunde genommen noch nie so schön hergerichtet waren wie heute. Die alten Häuser mit ihren Erkern und Versetzungen wirken gemütlich, und die Geschäfte bemühen sich um ein attraktives Warenangebot. Nirgends ist eigentlich »typische Provinz«. Es gibt malerische Ortsbilder und lebendige Fußgängerzonen. Schorndorf hat einen der schönsten historischen Marktplätze des Landes. Immer mehr Straßencafés zeugen im Sommer davon, daß es auch in Dörfern urbanes Leben gibt.

Über das Wesen des Schwaben wird viel philosophiert. Von seiner Sparsamkeit ist häufig die Rede; einige meinen, die Schwaben hätten den Kupfer-

Schorndorf
Idyllischer Altstadtwinkel

Idyllic corner in the oldest part of town

Coin pittoresque dans la ville ancienne

Backnang
Das alljährlich stattfindende Stadtfest gehört zu den größten im Lande.

The annual city festival is one of the greatest in the country.

La fête de la ville qui se passe tous les ans figure parmi les plus importantes du pays.

draht erfunden, weil sie den Pfennig so lange herumgedreht hätten, bis ein Draht daraus wurde. Natürlich gehört »Schaffen« zu den Tugenden; es geht darum, »sei Sach« in Ordnung zu halten und sein »Schäfchen ins Trockene zu bringen«. Früher meinten einige, der Schwabe sei vor allem dann zufrieden, wenn er seine Kehrwoche ordentlich erledige oder einen Bausparvertrag abschließe. Es wird auch gesagt, er habe »lieber a Laus im Kraut als gar kein Fleisch«.

So wird der Schwabe mit Lob nicht allzu sehr verwöhnt. Dabei wird aber sein knitzes Wesen übersehen, sein demokratischer Geist und seine geistige Wachheit. Sein Hang zum »Zusammentragen« bewirkt eben eine Fähigkeit zum »Wirtschaften«, und sicherlich bedeutet das für ihn auch, daß es sich gehört, zu arbeiten. Er schämt sich, öffentlich dem Müßiggang zu frönen.

Der »Remstal-Schwabe« hat sicher Beharrungsvermögen, aber auch einen Erneuerungswillen. Er ist praktisch, fleißig und mobil. Der Reiz des Reisens lenkt vom Geiz des Sparens ab. Dem Schwaben kommt eine gewisse Weltläufigkeit zu, obwohl ihm viele ein »In-sich-gekehrt-Sein« bescheinigen. Wer darin Gegensätze sieht, muß sich eben damit vertraut machen, daß der Schwabe häufig von Gegensätzen geprägt ist und mit diesen Spannungen umzugehen weiß.

Backnang
Blick auf den Stadtturm, den früheren Chorturm der Pfarrkirche St. Michael

View on the city tower, the former choir tower of the parish church St. Michael

Vue sur la Tour de la Ville, ancienne tour du choeur de l'église paroissiale de St. Michel

Backnang
Das Schloß des Landesbaumeisters Heinrich Schickhardt, erbaut um 1605/1630, beherbergt heute das Finanzamt und das Amtsgericht.

The castle of the master builder Heinrich Schickhardt, built between 1605 and 1630, today accomodates the Tax Office and the Lower District Court.

Le château projeté par le Maître constructeur Heinrich Schickhardt, construit entre 1605 et 1630, prête ses salles à la Trésorerie et au Tribunal.

Fellbach

Modernität kennzeichnet das neue Rathaus von 1986. Im Hintergrund die evangelische Lutherkirche (um 1340).

Modernity characterizes the new town hall from 1986. In the background the protestant Lutheran church, built around 1340.

L'Hôtel de ville, construit en 1986, reflète un modernisme. Au fond l'église Luther (vers 1340).

Fellbach
Eigenwillige Gestaltung der Wohncity III in der Stadtmitte

Wayward design of Wohncity III in the middle of town

La cité III au centre-ville qui se présente dans un style très particulier.

Schorndorf
Das Rathaus von 1726 und die Palmsche Apotheke (rechts), ein einzigartiges Beispiel württembergischer Fachwerkkunst

The Town Hall from 1726 and the Palm-Pharmacy (right), a unique example of the art of half-timbered houses in Wuerttemberg

L'Hôtel de ville de 1726 et la pharmacie Palm (à droite), œuvre tout à fait singulière de l'art du colombage au Wurtemberg.

Schorndorf
Brunnen sind ein Stück Stadtkultur.

Wells are part of the town's culture.

Les fontaines font partie de la culture urbaine.

Schorndorf
Blick auf die evangelische Stadtkirche, einer der wichtigsten spätgotischen Kirchenbauten Süddeutschlands

View on the Protestant town church, one of the most important late Gothic churches in Southern Germany

Vue sur l'église protestante de la ville, témoin des plus importants de l'architecture religieuse du gothique flamboyant au Sud de l'Allemagne

Schorndorf
Das Geburtshaus Gottlieb Daimlers in der Höllgasse

The birthplace of Gottlieb Daimler in the Höllgasse

La maison de naissance de Gottlieb Daimler à la ruelle de la Höllgasse

Schorndorf
Der Marktplatz (mit dem Rathaus in der Bildmitte) gehört zu den schönsten Plätzen in Süddeutschland.

The market place (with the town hall in the middle of the picture) is one of the most beautiful places in Southern Germany.

Sa place du marché (au milieu de l'image l'Hôtel de ville) est l'une des plus belles places au Sud de l'Allemagne.

Schorndorf
Maibäume: Ausdruck von Brauchtum und Tradition

Maypoles: expression of folklore and tradition

Les bouleaux de fête qui annoncent le mois de mai font partie des coutumes et de la tradition.

Waiblingen
Fachwerkhäuser wie dieses am Marktplatz prägen das Bild (rechts).

Half-timbered houses form the scenery of this market place (right).

Les maisons à colombages comme celle-ci sur la place du marché enchantent le visiteur (à droite).

Waiblingen
Der Hochwachturm mit Bauteilen aus staufischer Zeit

The high watchtower, in part originating from the period of the Hohenstaufen Emperors

Le grand beffroi avec des éléments de construction qui datent du temps des Stauffen.

Waiblingen
Die mittelalterliche Stadtmauer zeugt noch heute von der einstigen Wehrhaftigkeit der Stadt.

The town wall from the middle ages even today gives evidence how well-fortified the town once was.

Sa muraille médiévale prouve encore que la ville a su tenir tête à ses adversaires.

Waiblingen
Die Einkaufspassage »Marktgasse« in der Innenstadt: Verbindung von Tradition und Moderne

The »Marktgasse« shopping centre in the city: connection of tradition and modernity

Le centre commercial de la »Marktgasse« au centre-ville où se réunissent la tradition et le modernisme.

Neidköpfe
Die Neidköpfe aus Stein oder Holz sollten die bösen Geister von den Häusern fernhalten.

The »Envy heads«, made of stone or wood, are supposed to keep away bad spirits.

Ces »Têtes de jaloux« devaient tenir les mauvais Esprits à l'écart des maisons.

Welzheim

Der Brunnen »Brot und Wein« von Prof. Fritz Nuss ziert den Kirchplatz.

The well »Brot und Wein« (Bread and Wine) from professor Fritz Nuss adorns the church place.

La fontaine »Du pain et du vin« de la main du Professeur Fritz Nuss embellit la place de l'église.

Winnenden
Im Schwaikheimer Torturm, einem wichtigen Teil der mittelalterlichen Stadtbefestigung, sind heute die Heimatstuben untergebracht.

The gatetower of Schwaikheim, an important part of the middle-age town fortifications, today accomodates the museum of local history and culture.

Dans la Tour de la Porte de Schwaikheim, partie importante de l'ancienne fortification médiévale, se trouve aujourd'hui un petit musée régional.

Winnenden
Der Marktplatz mit dem alten Rathaus im Zentrum der Stadt

The market place with the old town hall in the centre of the historical centre of the town

La place du marché avec l'Hôtel de ville ancien au centre-ville

Barocke Formenfülle am Brunnen im Schloßhof

A baroque affluence of forms characterizes the well in the inner court of the castle.

La fontaine baroque dans la cour intérieure du château.

Ausländer und Partnerschaften

Der Ausländeranteil im Rems-Murr-Kreis beträgt nahezu 13 Prozent. Um den wirtschaftlichen Aufschwung der sechziger Jahre zu ermöglichen, wurden viele Ausländer als Arbeitskräfte ins Land gerufen. Jetzt, in den neunziger Jahren, kommen zahlreiche Aussiedler und Asylbewerber hinzu. Im 19. Jahrhundert gab es eine starke Auswanderung; in der zweiten Hälfte des 20. Jahrhunderts vollzieht sich im Gegenzug die Einwanderung – so ändern sich die Zeiten.

Die größte Ausländergruppe im Kreis bilden die Türken mit 30 Prozent, gefolgt von ehemaligen Jugoslawen mit 20 Prozent, mit 17 Prozent sind Italiener beteiligt, und 16 Prozent sind Griechen. Landsmannschaftliche und kulturelle Vielfalt kann durchaus anregend und befruchtend sein. Ohne Ausländer wäre der Kreis um vieles ärmer. Der Ausländer ist zum selbstverständlichen Nachbarn geworden, zum Freund im Kindergarten, zum Schulkameraden und zum Kollegen am Arbeitsplatz. Man geht zum »Griechen«, um einzukaufen, oder zum »Italiener«, um Pizza zu essen, auch dann, wenn man einer multikulturellen Gesellschaft abwartend skeptisch gegenübersteht.

Nicht nur bei Straßenfesten feiert man miteinander. Der Spanier bringt als Postbote die Briefe, und in den Krankenhäusern wird man von jugoslawischen oder portugiesischen Krankenschwestern betreut. Deshalb wehrt man sich auch gegen Fremdenhaß und Ausländerfeindlichkeit, seitdem diese Welle mit ihren gewalttätigen Ausschreitungen über die Bundesrepublik geschwappt ist.

Schon frühzeitig sind Gemeinden des Landkreises Partnerschaften mit Gemeinden in Frankreich oder Großbritannien eingegangen. Auch der Landkreis will mit seinen vier Partnerschaften in Ost und West die Verständigung zwischen Menschen und Völkern fördern.

Die erste – noch deutsch-deutsche – Partnerschaft wurde im September 1990 mit dem Landkreis Meißen in Sachsen geschlossen, einem Landkreis, in dem die Wiege der Wettiner stand und damit des sächsischen Königshauses, so wie im Rems-Murr-Kreis die Wiege des Hauses Württemberg stand. Verbindend wirkt natürlich auch der traditionelle Weinbau, der an den Südhängen des Elbtals seit 1161 feststellbar ist. Die Produkte der Meißener Porzellanmanufaktur lassen auch Schwabenherzen höher schlagen.

Als nächste folgte im Mai 1991 die Partnerschaft mit dem ungarischen Komitat Baranya, im Süden an der Grenze zu Kroatien gelegen, umsäumt von den Flüssen Drau und Donau. Unter seinen 420 000 Einwohnern leben 60 000 bis 70 000 Ungarndeutsche, die einst in die »Schwäbische Türkei« zogen, um das Land nach Beendigung der Türkenkriege besiedeln und entwickeln zu helfen. Diese Gegend zeichnet sich durch eine fruchtbare Landwirtschaft mit den höchsten Ertragsquoten in Ungarn aus, aber auch durch einen traditionell herausragenden Weinbau, so daß selbst der Name des Komitats vom Wein (= Bar) abgeleitet wird.

Dann kam im Juli 1991 die Partnerschaft mit dem russischen Rayon Dmitrow, nordöstlich von Moskau gelegen, in dem 160 000 Menschen leben. Es ist ein landwirtschaftlich geprägter Rayon am Moskwa-Wolga-Kanal, aber auch ein Wirtschaftsraum mit Betrieben zur Herstellung von Baggern, Konservendosen, Bekleidung und Lederwaren. Wie bereitwillig Schwaben spontan helfen können, zeigte sich bei einer Spendenaktion für die Bevölkerung des russischen Partnerkreises: Geld- und Sachspenden im Wert von über 500 000 DM kamen zusammen; damit konnten kinderreiche und bedürftige Familien unterstützt, aber auch Kinderheime und Krankenhäuser mit Arznei- und Nahrungsmitteln sowie medizinischen Geräten versorgt werden.

Etwas ungewöhnlich ist die Partnerschaft mit der südenglischen, 200 000 Einwohner zählenden Hafenstadt Southampton, Industriestadt und zugleich Fremdenverkehrsregion. Obwohl unterschiedlich geprägt, hat man schnell Sympathie füreinander gefunden, wohl nach dem Grundsatz, daß Gegensätze sich anziehen. Southampton hat seinen Hafen und der Rems-Murr-Kreis seinen Weinbau. Verbindend kann da allenfalls noch wirken, daß die Römer in beiden Gebieten siedelten. Aber dies ist schon lange her . . .

Man sieht: Von Ausländerfeindlichkeit will niemand etwas wissen, die Bürgerinnen und Bürger möchten friedlich mit den ausländischen Nachbarn zusammenleben und sind auch zur Hilfe bereit. Allerdings will man auch nicht überfordert werden.

Fellbach
Farbenprächtige Kulisse der »Fiesta International«

Resplendent scenery of the Fiesta International

Cadre riche en couleurs de la Fiesta International

Fellbach

Impressionen von der »Fiesta International«, dem Fest der ausländischen Mitbürger

Impressions from the Fiesta International, a festival for fellow citizens of foreign origin

Impressions de la fête des cohabitants étrangers, la Fiesta International

Waiblingen
Altstadtfest: beliebter Treffpunkt und Spiegelbild unserer multikulturellen Gesellschaft

Festival in the oldest part of town: popular meeting place and mirror of our multicultural society

Fête de la cité ancienne: Lieu de rencontre apprécié qui reflète l'image de notre société multiculturelle.

Natur- und Umweltschutz

Vorderbüchelberg
Alte Fischteiche sind ideale Lebensräume für Amphibien, Libellen und andere Wassertiere.

Old fishponds are an ideal living space for amphibian animals, dragonflies and other aquatic animals.

Les vieux étangs riches en poissons offrent les conditions de vie idéales pour les amphibies, les libellules et d'autres animaux aquatiques.

Umweltschutz ist im Landratsamt Trumpf, denn Natur und Landschaft sind Lebensraum für Pflanzen, Tiere und Menschen. Schon früh war der Landkreis bestrebt, seine vielgestaltige, attraktive und ökologisch wertvolle Landschaft zu schützen. Deshalb war es wichtig, neben der Ausweisung von Gebieten für Wohnung, Gewerbe, Handel und Infrastruktureinrichtungen auch Landschaft als Lebensgrundlage und Erholungsraum, als »Tabu-Zonen«, unter besonderen gesetzlichen Schutz zu stellen. Die Naturschutzgebiete sind Lebensräume von seltenen, vom Aussterben bedrohten Tieren und Pflanzen. Etwa 36 Prozent der Kreisfläche stehen unter Landschafts- und Naturschutz; der Kreis hält damit eine Spitzenposition im Lande.

Diese Gebiete sollen vor Zerstörung oder Veränderung bewahrt werden und in ihrer Schönheit und ihrem Abwechslungsreichtum gesichert und entwickelt werden, denn der Mensch bedarf eines intakten Naturraums. Er ist darauf angewiesen. Natürlich hat sich vieles geändert, seit Kaiser Joseph II. im Jahr 1777 auf seiner Reise von Paris nach Wien durchs Remstal fuhr und meinte: »Ihr Remstal könnte man einen Garten Gottes heißen«, oder August Lämmle von des »Herrgotts Sonntagswinkel« sprach.

Mittlerweile ist aus dem Remstal ein Siedlungsband geworden mit Straßen, Häusern und Gewerbegebieten. Dennoch hat es vielfach seinen landschaftlichen Reiz bewahren können mit seinen Weinbergen, Streuobstwiesen und noch vorhandenen Flußauen, so daß die Kreisverwaltung versucht, eine »Remstal-Parklandschaft« zu gestalten – durch Schutz und Pflege der Landschaft entlang der Rems einerseits und durch Entwicklung als Erholungsregion andererseits, um den Raum, in dem die Menschen leben, für diese auch erlebbar zu machen.

Überdurchschnittliches leistete der Landkreis auch mit der Ausweisung von 908 Naturdenkmalen wie Bäumen, Feuchtgebieten, Heideflächen, Aussichtsbergen, Pflanzen- oder Tierstandorten sowie geologischen Formationen wie Schluchten, Felsen, Wasserfällen oder Karsterscheinungen, aber auch mit der Kartierung von über 2000 Biotopen, die ein beredtes Zeugnis von der Vielgestaltigkeit dieses Naturraums ablegen. Sie wurden in einem Biotopatlas festgehalten und darüber hinaus datentechnisch erfaßt. Das ermöglicht ein vorbildliches Biotopmanagement, für das der Landkreis 1991 den Umweltpreis des Landes Baden-Württemberg erhalten hat.

Es geht darum, Luft, Wasser und Boden als natürliche Lebensgrundlagen für die nächsten Generationen zu bewahren. Daran wird zielbewußt gearbeitet. So gibt es etwa seit Jahren keinen Direkteinleiter mehr, d. h. alle Abwässer müssen zunächst einmal in einer Kläranlage gereinigt werden, bevor sie in die Fließgewässer, also die Flüsse und Bäche, eingeleitet werden dürfen.

Beim Bodenschutz hat man sich schon frühzeitig Gedanken gemacht, denn Boden ist verletzbarer als viele vermuten. Heute weiß man, wie schwer er zu reinigen ist und wie teuer dies werden kann. In zwei Modellgemeinden, Winterbach und Sulzbach, werden weitere Erfahrungen gesammelt. Als der Immissionsschutz Kreisaufgabe wurde, hat sich das Landratsamt engagiert dieser Aufgabe angenommen und ist seither bestrebt, auf alle Emittenten einzuwirken, damit die Grenzwerte eingehalten werden. Die Kreisverwaltung ist sich der globalen Verantwortung für die Umwelt bewußt.

Treibhauseffekt, Ozonloch und Verschmutzung der Meere sind eine Bedrohung für den gesamten »blauen Planeten«. Deshalb müssen wir unsere Lebensgewohnheiten ändern. Eine Umkehr ist notwendig beim Produzieren, beim Konsumieren und beim Müll – weg von der Wegwerfgesellschaft, hin zur Vermeidungs- und Wiederverwertungsgesellschaft. Nur mit einem ganz neuen Lebensstil werden wir unserer Verantwortung für den Zustand der Welt gerecht. Hier gilt ganz konkret der Satz: »Global denken und lokal handeln.«

Dort, wo man die Verhältnisse beeinflussen kann, also auch auf der Kreisebene, werden erhebliche Anstrengungen zur Energieeinsparung, zur Förderung des Öffentlichen Personennahverkehrs oder zur Vermeidung von FCKW unternommen, um einen Beitrag zur weltweiten Herausforderung des Umweltschutzes zu leisten.

Schorndorf
Die ehemaligen Kies- und Tonabbauflächen im Naturschutzgebiet »Rehfeldsee« sind heute wertvolle Sekundärbiotope.

The former mining places of gravel and clay in the wildlife preserve »Rehfeldsee« are today valuable secondary biotopes.

Les anciennes zones d'exploitation de gravier et d'argile qui font partie du parc régional du »Rehfeldsee« sont aujourd'hui d'importants biotopes secondaires.

Urbach

Frühlingswiese mit Schlüsselblumen im Naturschutzgebiet »Vordere Hohbachwiesen«. Vor dem Waldrand blühende Schlehen.

Spring meadow with cow-slips in the wildlife preserve »Vordere Hohbachwiesen«. In front of the edge of the wood: blossoming blackthorns.

Le printemps fait pousser les primevères dans les prés du parc protégé »Vordere Hohbachwiesen« et les prunelles en fleurs raniment le bord de la forêt.

Rudersberg

Im Naturschutzgebiet »Jägerhölzle« wachsen Orchideen und Ginster.

In the wildlife preserve »Jägerhölzle« orchids and brooms are growing.

Au parc protégé du »Jägerhölzle« on rencontre des orchidées et des genêts.

Winnenden

Blühende Steppenheide am »Haselstein«

Blossoming steppe and heath land at the »Haselstein«

La bruyère des prairies en fleurs au »Haselstein«

Schwäbisch-Fränkischer Wald

Steppenheide, bewaldete Bergrücken und farbenprächtige Blumenwiesen sind unverzichtbare Elemente für die Erholungslandschaft im Schwäbisch-Fränkischen Wald.

Steppe and heath land, wooded mountain ridges and colourful flowery meadows are unrenouncable elements of the recreation landscape in the Swabian-Franconian Forest.

La bruyère des prairies, les dos de montagne couverts de bois, les prés riches en fleurs et en couleurs, tout cela sont des éléments indispensables pour ceux qui cherchent le repos dans le paysage de la Forêt souabo-franconienne.

Ungedüngte Mähwiesen zeigen eine verschwenderische Blumenfülle.

Unfertilized haying meadows show a resplendent abundance of flowers.

Le prés à fourrage qui ne sont pas engraissés abondent en fleurs.

Welzheim
Der alte Fischteich beim Wiesensteighof wurde zum Naturdenkmal erklärt.

The old fishpond at the Wiesensteighof was declared a natural monument.

Le vieil étang à poissons auprès de la ferme du Wiesensteighof a été reconnu comme monument de nature.

Alfdorf
Streuwiesen zeichnen sich oft, wie hier im Tal der Rot, durch großen Orchideenreichtum aus.

Scattered meadow with orchids in the valley of the Rot.

Pré aux arbres fruitiers avec des orchidées dans la vallée de la Rot

Welzheimer Wald
Es gibt noch einige Feuchtwiesen mit reichen Trollblumenbeständen.

Here, there still can be found some humid meadows with an abundant globeflower population.

On y rencontre encore quelques prés humides avec une abondance de boutons-d'or.

Kunst und Kultur

Barock und Rokoko hatten im Kreisgebiet keinen fruchtbaren Nährboden. Kein Fürst ließ sich ein größeres Schloß bauen, kein Kloster hinterließ großartige Bauzeugen. Dafür gab es auch keine sinnenfrohe Hofgesellschaft. Man war rechtschaffen, aber nicht aushäusig, erst recht nicht in der Kunst. Aber das hat sich gewandelt.

Als Beispiel könnte Fellbach genannt werden, früher eine pietistische Mustergemeinde, in der man sehr wohl registrierte, ob alles rechtschaffen, fleißig und ordentlich zuging. Jetzt findet hier alle drei Jahre ein internationales Forum der Kleinplastik, die »Triennale«, statt. Sicherlich wirkte sie zunächst noch etwas »aufgesetzt«, doch das blieb nicht so. Mittlerweile hat sich die Bevölkerung daran gewöhnt; die 5. Triennale ist erfolgreich verlaufen. Man respektiert sie, wenn auch nicht alle ausgestellten Werke verstanden werden.

1992 haben vier Städte bei den »Platzverführungen« der »Kulturregion Stuttgart« mitgemacht und geeignete Räume für Inszenierungen international bekannter Künstler, die teilweise auch an der gleichzeitig veranstalteten Documenta IX in Kassel präsent waren, überlassen. Natürlich wurde dies etwas skeptisch aufgenommen, und es gab auch deutliche Worte der Kritik. Doch Kunst will gerade die Auseinandersetzung, will Probleme bewußtmachen, will also auch provozieren. Kunst wird immer mehr in den Alltag einbezogen. Rathäuser, Landratsamt, Firmen öffnen sich, um Künstlern Gelegenheit zu Ausstellungen zu geben und damit eine persönliche Begegnung und Auseinandersetzung mit der Kunst zu ermöglichen.

Kunst am Bau ist selbstverständlich geworden. So hat der Landkreis im Sonderschulzentrum in Murrhardt und im Kreiskrankenhaus in Schorndorf Plastiken von Karl Ulrich Nuss aufstellen lassen. Im Berufschulzentrum Backnang sind Werke von Professor Oskar Kreibich zu betrachten, im Kreisberufschulzentrum Waiblingen Wandgestaltungen von Jörg Dietrich, Eckard Hauser und Peter Mothes. Beim Landratsamt in Waiblingen ziert ein Brunnen von Professor Fritz Nuss den Eingangshof; im Waiblinger Kreisberufsschulzentrum steht eine Marmorarbeit von Hüseyin Altin. Auch die Kreissparkasse engagiert sich für die Kunst und hat in der Schalterhalle in Waiblingen eine drei Meter große Glasfläche von Professor Gottfried von Stockhausen ausschmücken lassen, der in den letzten Jahren auch vier Fenster der Welzheimer Stadtkirche neu gestaltet hat. Zahlreiche Freiraumplastiken schmücken öffentliche Räume, so die Skulptur »Der Kopf« von Otto Müller den Hof des Fellbacher Rathauses oder »Das Gespräch« von Max Seitz den Schorndorfer Marktplatz. In Schorndorf steht neben der Stadtkirche eine meditative Arbeit »Mutter und Kind« von Professor Fritz Nuss, der auch den »Weingärtner« in Weinstadt-Strümpfelbach geschaffen hat. Zahlreich sind die Arbeiten seines Sohnes Karl Ulrich Nuss mit dem »Armen Konrad« in Weinstadt-Beutelsbach, mit »Prinz Eugen mit Kriegsrat« in Großheppach oder mit den »Musen« beim Bahnhofshotel in Backnang. Von ihm gibt es mittlerweile über 60 Arbeiten im öffentlichen Raum in ganz Deutschland.

Vergessen seien nicht der Skulpturenpfad der Backnanger Künstlergruppe, die Arbeit von Richard Deacon beim Waiblinger Rathaus oder die »Taubenhäusler« von Karl Henning Seemann auf dem Waiblinger Marktplatz. Sie alle laden zum Betrachten und zum Zwiegespräch ein. Sie regen an und lockern Plätze auf. Sie sind Fixpunkte, die deutlich machen, daß eine Stadt nicht nur aus Gebäuden und Straßen besteht, sondern Kunst im Ortsbild eine zentrale Funktion hat.

Einige Künstler von nationalem Rang haben Bezug zum Landkreis, wie etwa der in Backnang geborene expressiv malende, bis ins hohe Alter kreative Professor Manfred Henninger und der international bekannte Professor Karl Georg Pfahler, der schon auf der Triennale in São Paulo ausgestellt hat. Zu ihnen gehören auch die Künstlerfreunde Axel Arndt und Franz Sequenz, die in einer minuziösen Maltechnik Ei-Tempera und Firnis schichtweise übereinanderlegen und so eindrucksvolle Bildwerke schaffen.

In Backnang ließ sich in der Nachkriegszeit Professor Oskar Kreibich nieder, der zahlreiche Porträts gemalt hat und als anregender Erzähler seine Gesprächspartner immer wieder in seinen Bann zog.

Zu den Künstlern, die hier genannt werden müssen, gehören natürlich auch die Tiermaler Heinrich von Zügel und Oskar Zügel, der Spontanere, Expressivere, Leonhard Schmidt, der »Maler der Stille« und des »raumlosen Raums«, und selbstverständlich Reinhold Nägele mit seinen oft skurrilen Einfällen,

Welzheim
Kunstvolle Darstellung der Stadtgeschichte

Ingenious design of the town's history

Exposition réussie de l'histoire de la ville

der schwäbische Landschaften malte, aber auch die Bedrohungen der modernen Großstadt aufzeigte. Damit sind längst nicht alle Künstler des Kreises gewürdigt. Es gäbe in der Tat noch viele, die erwähnenswert wären. Der Verfasser läuft ohnehin Gefahr, von jedem, den er nicht erwähnt, in Zukunft als Banause betrachtet zu werden. Die Vielfalt zeigt, daß man im Kreis für Kunst sehr aufgeschlossen ist, und es eine Atmosphäre gibt, die künstlerisches Schaffen begünstigt. Rege ist auch die Arbeitsgemeinschaft Bildender Künstler unter dem rührigen Vorsitzenden Bär Schöller, die zum 20jährigen Jubiläum des Landkreises eine vielbeachtete Ausstellung mit 220 Exponaten von 36 Künstlerinnen und Künstlern im Kreishaus durchgeführt hat. Zu diesem Anlaß hat jeder Künstler eigens ein Werk geschaffen und dem Landkreis geschenkt. Wo gibt es das sonst? Man gibt dem Landkreis etwas und fordert nicht nur.

Ein vielfältiges Musikleben ist ebenso feststellbar. In den Musikschulen wird gute Arbeit geleistet, und bei den Wettbewerben »Jugend musiziert« werden immer wieder neue Talente entdeckt und ausgezeichnet, die dann einmal im Jahr die Gelegenheit haben, ihr Können im Kreishaus vorzuführen.

Die Blasmusik ist in 52 Vereinen fest verwurzelt und findet auch bei der weiblichen Jugend immer mehr Anhänger. Das Kreisjugendorchester hat einen beachtlichen Schwung und tritt erfolgreich im Ausland auf. Jazz wird geschätzt, und die jährlich im Oktober stattfindenden Rems-Murr-Jazz-Tage sind weit über den Kreis hinaus ein fester Begriff geworden. Peter Bühr, dem unermüdlichen Organisator, gelingt es immer wieder, Musiker, die Jazz-Geschichte geschrieben haben, in die Region zu holen: Peanuts Hucko, Gus Johnson, Trummy Young, Bob Haggart, Wild Bill Davison, Ralph Sutton, Eddie Miller, Hank Lawson, aber auch junge Talente wie Ken Peplowski, der im Rems-Murr-Kreis seine Weltkarriere gestartet hat, oder Dan Barrett und Howard Alden.

Man traut es den Schwaben zwar nicht so recht zu, aber dennoch ist an Kultur kein Mangel. Kunst und Kultur sind elementarer Ausdruck menschlicher Kreativität oder, wie Jean Paul meinte, »nicht Brot, aber Wein des Lebens«. Ergänzt wird das Angebot durch die nahe Landeshauptstadt Stuttgart. Und jener Satz aus einer Landtagsdebatte »Mir brauchet koi Kunscht, mir brauchet Krombiera« (Kartoffeln) ist heute allenfalls noch Anlaß zum Schmunzeln.

Schorndorf
Die Plastik »Mondschein« von Jürgen Goertz vor der evangelischen Stadtkirche: lebendiger Kontrast von Gotik und Moderne

The sculpture »Mondschein« (Moonlight) from Jürgen Goertz in front of the protestant town church: living contrast between gothic and modernity

L'œuvre plastique »Lueur de la lune« de Jürgen Goertz devant l'église protestante de la ville: confrontation vive de l'art gothique avec l'art moderne.

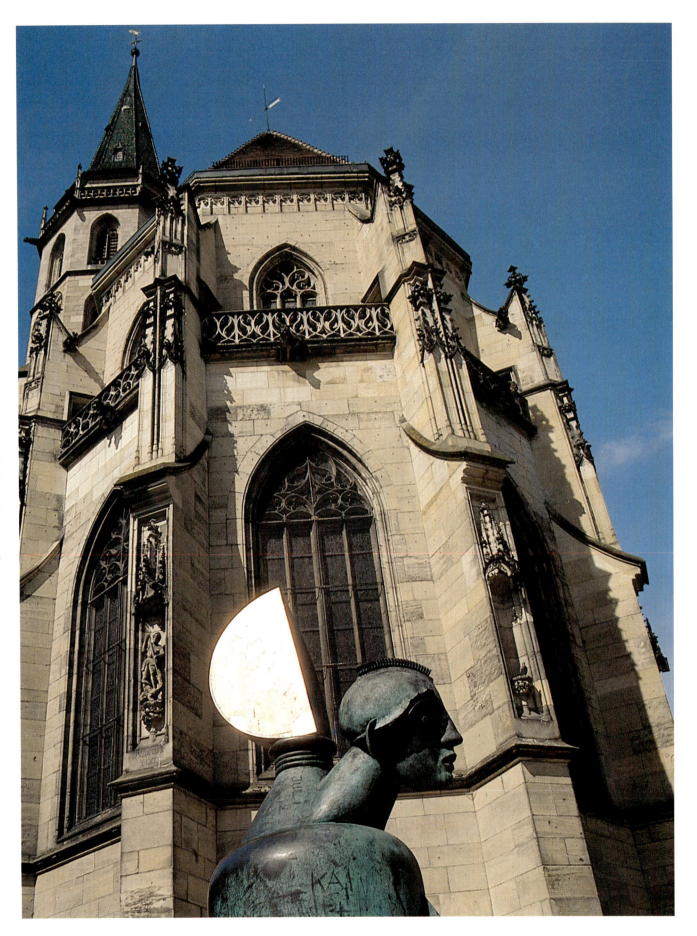

Fellbach
Neues Rathaus: moderner Formwillen in Stein gefaßt

New Town Hall: modern form and modern will – chiselled in stone

Lé nouvel Hôtel de ville: la volonté moderne donne forme à la pierre.

Fellbach
Die Skulptur »Der Kopf« von Otto Müller als Betrachter des kommunalen Geschehens

The sculpture »Der Kopf« (The Head) from Otto Müller as observer of community events.

La Tête, sculpture de la main d'Otto Müller est l'observatrice des événements dans la commune.

Waiblingen

Leben und Arbeiten im Landkreis ist das Thema des Brunnens von Prof. Fritz Nuss vor dem Landratsamt.

Living and working in the county is the topic of the well in front of the District Office, created by professor Fritz Nuss.

La vie et le travail au pays sont le thème de la fontaine créée par le professeur Fritz Nuss pour la place devant la prévecture.

Weinstadt-Strümpfelbach
Die Bronzeplastik »Der singende Zecher« von Prof. Fritz Nuss: Sinnbild weinseliger Fröhlichkeit

The bronze sculpture »Der singende Zecher« (The Singing Boozer) by professor Fritz Nuss: an allegory of vinous happiness

Le bronze du »Buveur qui chante« de la main du professeur Fritz Nuss: image de gaité s'inspirant du vin.

Weinbau und Landwirtschaft

Markenzeichen des Landkreises und sein besonderer Stolz ist der Weinbau. 1220 Hektar Rebland bringen einen guten Ertrag und prägen die Menschen. Der Wein ist Bestandteil menschlicher Kultur. Schließlich heißt es beim Propheten Daniel: »Zur Fröhlichkeit und zur Stärkung gibt Gott Wein und Brot.« Der Weinbau wurde wohl zur Zeit Karls des Großen in diesem Raum eingeführt und war einst, vor allem im 17. Jahrhundert, bedeutend. Er brachte den ersten Wohlstand in das Remstal.

Das beliebteste württembergische Gewächs ist der Trollinger, der mit einem Anteil von 36 Prozent dominiert. Er macht einem so recht deutlich, daß das Leben mit einem Glas Wein einfach schöner ist. Spätburgunder und Portugieser haben demgegenüber nur einen Anteil von jeweils einem Prozent; zusammen kommen die Rotweine auf 43 Prozent.

Aber nach dem Motto, daß der Rotwein den besseren Schlaf, der Weißwein dafür den schöneren Traum beschert, wird dieser nicht vernachlässigt. Am häufigsten wird der Riesling angebaut mit einem Anteil von 23 Prozent, gefolgt vom Kerner mit 14 Prozent und Müller-Thurgau mit 13 Prozent; zusammen haben die Weißweine einen Anteil von 57 Prozent.

Ich selbst neige, vor allem in den Abendstunden, eher dem Trollinger oder dem Spätburgunder zu. Da verbindet sich Herzhaftes mit Reife, sie sind anregend und beschaulich.

Natürlich gehört der Wein hier zu den Grundnahrungsmitteln. Anbau und Ausbau erfolgen umweltfreundlich und marktgerecht. Der Wein hat »a Bodagfährtle« und wird überwiegend trocken ausgebaut – es sind eigenständige Gewächse. Der 92er war nach Qualität und Menge wieder ein großer Jahrgang, auch der 93er wird gut. Der Rems-Murr-Täler weiß, was er an seinen Weinen hat. Er trinkt jährlich etwa 40 Liter, während der Bundesdurchschnitt bei der Hälfte liegt.

Viele Flächen sind rebflurbereinigt. Dies hat der Natur hier und da Wunden zugefügt, aber mittlerweile erhält man in den Flächen wertvolle Landschaftsteile als Lebensraum für Tiere und Pflanzen und räumt die Landschaft nicht nur aus. Rebflurbereinigungen steigern nun einmal den Wert des Weinbergs und den der Arbeit des Wengerters.

Die großen Genossenschaften in Beutelsbach und Fellbach richten sich immer stärker auf den Markt aus. »Qualität vor Quantität«, Nischen und Extras werden gesucht, etwa im »Barrique-Ausbau« oder in der Präsentation, die mit exklusiven Etiketts oder Magnum-Flaschen Aufmerksamkeit erregt. Mit der »Kunst und Wein Edition« versucht es die WG-Fellbach, übrigens die zweitälteste im Lande. 1857 wurde sie gegründet. Die 1940 geschaffene Remstalkellerei wird von 15 Weingärtnergenossenschaften getragen. Sie ist die drittgrößte im Land mit einer Lagerkapazität von 30 Millionen Liter und einem Jahresumsatz von 50 Millionen DM.

Privatvermarkter versuchen immer wieder, die Nase vorn zu haben. Aldinger aus Fellbach, Haidle aus Stetten oder Ellwanger aus Winterbach haben einen guten Ruf und schon manchen Bundespreis errungen. Sie gehören zu den besten Weingütern des Landes.

Ein neuer Trend ist der eigene Sekt. Weder die Genossenschaften noch die Selbstvermarkter wollen darauf verzichten. Es gelingen dabei vorzügliche Getränke, die sich mit französischen Kreszenzen durchaus messen können. So wird die Frage »Champagner oder heimischer Säggt« zur Gewissensfrage. Da beim Schwaben häufig der Geldbeutel entscheidet, ist auch diese Frage zu beantworten.

Im Remstal gibt es eine bewährte Weinbautradition. Es gilt, was Jago in Shakespeares »Othello« sagt: »Guter Wein ist ein gutes, geselliges Ding, wenn man mit ihm umzugehen weiß.« Natürlich gibt es auch Freunde eines frisch gezapften Biers, aber schon Martin Luther meinte: »Bier ist Menschenwerk, Wein ist von Gott.«

Im Agrarbereich kann man den Landkreis in drei Regionen einteilen. Zunächst einmal die tieferen Lagen von etwa 200 bis über 300 Meter Höhe: Hier gibt es ertragreiche Lößböden, die einen intensiven Ackerbau und Obstbau ermöglichen. Das Schmidener Feld gehört zu den besten Böden des Landes und Europas und liegt überdies in einem der wärmsten Gebiete der gesamten Bundesrepublik. Doch gerade das Schmidener Feld wird von der Industriegesellschaft immer mehr bedroht. Wohnbau, Gewerbegebiete und das Berufsschulzentrum fressen sich in das Gebiet hinein, und der Straßenbau bedroht es zusätzlich.

Die zweite Region ist die der Sonderkulturen wie Reben, Obst und Gemüse. Sie überwiegen im Remstal,

Remstal
Prächtige Kirschblüte im Mai

Magnificent cherry blossom in the month of May

Les cerisiers en fleurs au mois de mai

seinen Seitentälern und den Berglen und werden großenteils im Nebenerwerb betrieben. Im Apfelanbau steht der Landkreis, nach dem Bodenseekreis und dem Ortenaukreis, an dritter Stelle im Lande. Es gibt herzhafte Äpfel: Bei einem Test haben Elstar und Rubinette wegen des würzigen, erfrischenden, feinsäuerlichen Geschmacks besonders gut abgeschnitten. Kirschen dominierten am Anfang des Jahrhunderts mit reichen Erträgen, so daß zur Erntezeit wöchentlich ein Sonderzug nach München fuhr. Die Erträge der Sonderkulturen werden häufig direkt an den Verbraucher abgegeben. Das Landratsamt fördert den Obstbau durch drei Obstbauberater. Es hat eine Broschüre herausgegeben, die auf die selbstvermarktenden Betriebe hinweist.

Mehr als die Hälfte der landwirtschaftlichen Fläche gehört zur dritten Region, also zum Schwäbischen Wald und zum Schurwald mit einer Höhenlage bis zu 550 Meter. Zur Hälfte handelt es sich um Waldflächen; die Hänge und vor allem die geringe Bodengüte bedingen Grünlandnutzung. Im Waldbau und in der Rindviehhaltung liegt deshalb der Haupterwerb der Landwirte; die Keuperberge sind bäuerlich geprägt.

Der Weg der Landwirtschaft in den vergangenen Jahrzehnten war überaus schwierig. Erst mehr Dünger, vor allem immer mehr Schlepper und neue Technik, dann mehr Ernte, mehr Schlachtvieh. Doch als das Angebot an Nahrungsmitteln den Bedarf überstieg, verfielen die Preise. Die Landwirtschaft wird stark von der EG-Politik beeinträchtigt. Mal gibt es Probleme auf dem Rindermarkt, mal auf dem Schweinemarkt, mal wird die Milcherzeugung reduziert, mal der Weinbau begrenzt.

Unter diesen Rahmenbedingungen haben es die Landwirte schwer, so daß es nicht verwundert, daß der Strukturwandel in der Landwirtschaft anhält. Die Zahl der Betriebe nahm von 7026 im Jahr 1973 auf 4037 im Jahr 1991 ab. Die Zahl der Vollerwerbsbetriebe, einschließlich Baumschulen und Gärtnereien, liegt ohnehin nur noch bei 623 gegenüber 2073 im Jahr 1973; die anderen werden im Nebenerwerb betrieben, also von sogenannten »Spagat-Arbeitern«, die sowohl in Fabriken, im Handel oder in den Verwaltungen als auch in der Landwirtschaft oder im Weinbau tätig sind.

Dafür werden große Höfe immer größer, denn Acker oder Grünland ist leicht zu haben, so daß die Zahl der Betriebe über 40 Hektar steigt (80 Betriebe). Zunehmend stellen Betriebe auf alternative Produktionsweisen um. Dies wird auch vom Land gefördert. Aber es hat auch seine Schattenseite, denn der Markt wird immer enger, so daß auch die Preise der Öko-Produkte unter Druck geraten.

Landwirte und Wengerter bemühen sich um eine artgerechte Nutzung des Bodens. Sie haben unsere Kulturlandschaft, über die wir uns freuen und die wir als Erholungs- und Erlebnisraum nutzen, in ihrer unverwechselbaren Eigenart mit geschaffen. Dafür wollen wir dankbar sein.

Am Korber Kopf
Dörfliche Idylle zwischen Reben und Sonnenblumen

Idyllic village between vineyards and sunflowers

Scène du village pittoresque entre les vignes

Remstal
Weinlese

Grape harvest

Vendanges

Weinstadt-Strümpfelbach
Zentrum des Weinbaus im Remstal

Centre of viticulture in the valley of the Rems

Centre de la culture de la vigne dans la vallée de la Rems

Korb
Die Kelter von 1814 wird heute als Stadthaus genutzt.

Today the winepress from 1814 is used as a town house.

L'ancien pressoir sert aujourd'hui de foyer municipal.

Korb
Annahme der Trauben in der Kelter (rechts)

Receiving the grapes at the winepress (right)

Les raisins arrivent au pressoir (à droite).

Remstal
Zur Weinlese gehört ein zünftiges Vesper.

No grape harvest without a fair snack

Qui travaille à la vendange a besoin d'un bon cassecroûte.

Weinstadt-Beutelsbach
Geselliges Beisammensein bei der Weinprobe in der Genossenschaft

Social gathering at the co-operative's wine tasting

Dégustation joyeuse du vin à la coopérative

Schwäbischer Wald

Hier sieht man noch Bauern mit Pferdegespannen.

Here, farmers with horsedrawn vehicles can still be seen.

On y peut voir encore des paysans avec leur attelage.

Wirtschaft und Verkehr

Mit Tüfteln und Basteln fing es an; mittlerweile ist High-Tech eine Selbstverständlichkeit. Ohne moderne Technologien, ohne Mikroprozessoren kann man sich auf den Weltmärkten nicht mehr behaupten. Der Chip ist kein Jobkiller, sondern Basis moderner Produkte und schafft Arbeitsplätze. Praktischer Sinn, Tüchtigkeit, Wertschätzung des Geschaffenen, aber auch Mut, Leistungsbereitschaft und Erfindergeist kommen zusammen und sind der Nährboden, der eine gesunde Wirtschaftsstruktur entstehen ließ. Da alles stets im Wandel ist, muß jede Zeit als Zeit des Übergangs verstanden werden. Es kommt darauf an, Trends frühzeitig zu erkennen: Was ist »in«, was ist »out«? Es war unserer Region keinesfalls in die Wiege gelegt, daß hier ein erfolgreicher Wirtschaftsraum entstehen würde. Noch im 19. Jahrhundert konnten die Menschen häufig nicht ernährt werden, so daß es in schlechten Jahren immer wieder zu Auswanderungswellen kam und viele die Heimat verließen, um nach USA, Kanada, Südamerika, Ungarn oder Rußland zu gehen. In den Kirchenbüchern kann man nachlesen, wie es etwa in den Jahren 1816/17 oder 1847/48 zuging. Es herrschten Mißernten und Hungersnot. Die ersten »Exportprodukte« des Landes waren eigentlich die Menschen; jetzt sind es Maschinen, Geräte, Konsumgüter. Fleiß, Ausdauer, aber auch Bescheidenheit, Sparsamkeit und Zuverlässigkeit waren der Schlüssel zum Erfolg. Hinzu kamen Phantasie und Ideenreichtum. So ist aus dem Armenhaus ein blühender Landkreis geworden.

Im Grunde genommen war er bis über die Mitte des 19. Jahrhunderts hinaus ein agrarisch ausgerichteter Kreis. Das Handwerk entstand nach und nach, denn schlechte Erträge und Realteilung wiesen vielen den Weg zum Handwerk. Dieses war schon vom Mittelalter an gefragt. Noch heute ist die Handwerksdichte mit 4680 Betrieben und rund 30 000 Beschäftigten in 38 Innungen groß und liegt an herausgehobener Position im Lande. Landwirtschaft und Gewerbe waren bis zur Jahrhundertwende etwa gleich stark vertreten.

Wer kennt noch die Arbeitsbedingungen vor dem Ersten Weltkrieg – 60-Stunden-Woche, kurze Kündigungsfristen, unbezahlter Urlaub und Geldstrafen bei geringfügigem Zuspätkommen? Zu Beginn der Industrialisierung waren in den Manufakturen ohnehin vor allem Disziplin und Pünktlichkeit gefragt.

Und heute? In einer brasilianischen Zeitschrift konnte man unlängst lesen: »Die deutsche Arbeiterklasse lebt im Paradies: höchste Gehälter, geringste Arbeitszeit, am längsten bezahlte Ferien auf der Welt« (Manchete, Mai 1992).

Handwerker standen am Anfang von so manchem heute weltweit tätigen Betrieb. Thaddäus Troll hatte schon recht, wenn er meinte: »Schwäbischer Fleiß, Frömmigkeit, Anspruchslosigkeit und Tüftlertum haben eine Klein- und Mittelindustrie geschaffen, die sich auf dem Weltmarkt sehen lassen konnte.«

Der Rems-Murr-Kreis ist ein Landkreis des Mittelstandes mit vielen konkurrenzfähigen Firmen, die sich am Markt behaupten und weltweit erfolgreich tätig sind. Der Mittelstand ist Leistungsträger der Wirtschaft in diesem Landkreis. Er wird im Jahr 2000 stärker sein als je zuvor. Seine Kennzeichen sind Leistungsstärke, Flexibilität und Innovationskraft.

Zunächst entstanden die Leder- und Textilindustrie in Backnang, die Ziegeleien in Waiblingen und Winnenden und die Tabak-, Leder- und Ziegeleiindustrie in Schorndorf. Die ersten Großbetriebe wurden im Backnanger Raum gegründet, so die Spinnerei J. F. Adolff (1832) und die Baumaschinenfabrik Kaelble (1884); in Murrhardt entstand 1868 die Soehnle-Waagen-Fabrik.

Mit Gottlieb Daimler, Ernst Heinkel, Eugen Adolff, Robert Kaess und Karl Kaelble gab es bedeutende Erfinder und Pioniere des Industriezeitalters an Rems und Murr. Gottlieb Daimler mit seinem Anspruch »Nur das Beste oder nichts« setzte als schwäbischer Tüftler und Erfinder durch das Automobil die Welt in Bewegung. Er prägte damit auch das Bild der Region. Diese lebt heute noch von der Automobilindustrie. Wer vermag die rasante Entwicklung der letzten 150 Jahre nachzuvollziehen? Dieser »Aufsteiger-Landkreis« hat sich eigentlich erst nach dem Zweiten Weltkrieg so richtig entwickelt. Da erhielt die Elektrifizierung einen starken Aufwärtstrend. Der Paternoster wurde zum Symbol des Zeitalters: rastloser Wechsel ohne Anfang und Ende.

Die Industrialisierung setzte an Rems und Murr spät ein. Sie wurde erst durch den Bau der Eisenbahnlinien im vergangenen Jahrhundert gefördert. Die Hauptstrecken lagen zunächst einmal im Neckar- und Filstal und erst später im Rems- (1861) und Murrtal (1876). Schon im letzten Jahrhundert dasselbe Bild wie heute: Der Verkehrsschatten bringt Nachteile bei der Industrieentwicklung.

Doch heute gibt es hier viele Firmen, die international einen guten Klang haben und attraktive und sichere Arbeitsplätze bieten. Zu den größten Arbeitgebern im Rems-Murr-Kreis zählt die Bosch-Gruppe mit über 10 000 Arbeitsplätzen und Betriebsstätten in Waiblingen, Winnenden und Murrhardt. Auch die ANT Nachrichtentechnik GmbH in Backnang mit einem Umsatz von über 1,5 Milliarden DM gehört dazu; sie ist auf allen Gebieten der leitungsgebundenen und drahtlosen Nachrichtenübertragung tätig, und mit dabei, wenn im Bereich der Telekommunikation eine leistungsfähige Infrastruktur aufgebaut wird. Dies ist eine der Voraussetzungen für die Weiterentwicklung unserer Volkswirtschaft. Wohl jeder Weltraumsatellit mit deutscher Beteiligung besitzt Komponenten von ANT. Kürzlich wurde ein Neubau für die Entwicklung und die Herstellung optoelektronischer Schaltkreise fertiggestellt. Die ANT ist inzwischen auch an der Entwicklung von Verkehrsleitsystemen beteiligt.

Zu den wichtigsten Arbeitgebern gehört auch die Firma Andreas Stihl, weltgrößter Hersteller von Motorsägen mit 30 Prozent Weltmarktanteil. Sie beschäftigt rund 6000 Menschen und hat einen Jahresumsatz von über 1,2 Milliarden DM; allein in den Vereinigten Staaten wird ein Umsatz von über 200 Millionen Dollar erzielt.

Nahezu atemberaubend verlief die Entwicklung der Firma Kärcher in Winnenden, die Reinigungsgeräte herstellt. 1971 lag der Umsatz noch bei etwa 27 Millionen DM. Zwanzig Jahre später, also 1991, wurde die Milliardengrenze überschritten.

Die Firma WERU aus Rudersberg hat durch den Baubedarf in den neuen Bundesländern einen zusätzlichen Nachfrageschub bei ihrer Fensterproduktion erhalten. Pionierhaft hat sie unmittelbar nach der Wiedervereinigung in Triptis in Thüringen unweit des Hermsdorfer Kreuzes, also in Autobahnnähe, eine Produktionsstätte errichtet. Von dort aus werden die Kunden von Hamburg bis Wien »just in time« beliefert, während zugegebenermaßen die Lastzüge in Rudersberg erhebliche Probleme haben, bis sie sich aus dem Ort herausquälen, um zur Autobahn zu gelangen.

Insgesamt acht Betriebe im Rems-Murr-Kreis haben über tausend Beschäftigte: ANT Nachrichtentechnik in Backnang, Stihl in Waiblingen, das Kunststoffwerk von Bosch in Waiblingen, TRW Repa in Alfdorf, WERU in Rudersberg, AEG in Winnenden, die Bosch Verpackungsmaschinen in Waiblingen sowie Flender ATB-Loher Antriebstechnik in Welzheim.

Vier Betriebe werden in der Form einer Aktiengesellschaft geführt: die WERU AG, der Motorenhersteller Flender ATB-Loher Antriebstechnik AG, der Krankenhausmöbelhersteller L. & C. Arnold AG sowie die Willy Rüsch AG, Herstellerin von Kunststoff- und Gummiwaren.

Es dominiert das Verarbeitende Gewerbe, vor allem Elektrotechnik, gefolgt von Maschinenbau und Kunststoffverarbeitung. Danach kommen die Verbrauchsgüterindustrie und der Dienstleistungssektor. Die gesamte Bruttowertschöpfung (Bruttoinlandsprodukt) im Landkreis liegt bei über 13 Milliarden DM. Die Wettbewerbsfähigkeit der Produkte beruht überwiegend auf Wertarbeit und Gründlichkeit. Es gibt eine disziplinierte, tüchtige Arbeiterschaft. Dies hat auch mit der Ausbildung zu tun.

Wichtige Voraussetzungen für die Entwicklung der Wirtschaft und die Qualität der Produkte sind die Fähigkeiten der Arbeitskräfte. Ohnehin bestimmen Ausbildungsmöglichkeiten, berufliche Chancen und Arbeitsplätze ganz wesentlich die Identifikation der Menschen mit einem Landkreis. Der Rems-Murr-Kreis hat deshalb drei leistungsfähige Kreisberufsschulzentren in Waiblingen, Backnang und Schorndorf errichtet, an denen rund 10 000 Schülerinnen und Schüler unterrichtet werden. Dafür hat der Landkreis über 245 Millionen DM aufgewendet. Hier wird berufliche Qualifikation mit hohem Standard vermittelt. 41 verschiedene Bildungsgänge werden angeboten; für drei Millionen DM wurden 30 EDV-Räume eingerichtet.

Die Förderung der Qualität von Bildung und Ausbildung ist nun einmal eine wichtige Investition in die Zukunft. Im Rems-Murr-Kreis gibt es im Vergleich zu anderen Landkreisen der Region die höchste Zahl an Lehrlingen.

Benachteiligt ist der Raum jedoch bei der Verkehrserschließung mit vierspurigen Bundesstraßen. Kein anderer Landkreis in einem vergleichbaren Ballungsraum im Bundesgebiet hat so schlechte Verkehrsbedingungen wie der Rems-Murr-Kreis. Weder die B 14 noch die B 29, die wichtigsten Verkehrsadern, sind vollständig vierspurig ausgebaut. Seit Jahrzehnten wird dies angemahnt; es fehlt jedoch immer noch ein geschlossener »Ostring« um die Landeshauptstadt. Dies sind hemmende Faktoren, die die Standortgunst beeinträchtigen. Die Verkehrsinfrastruktur ist nun einmal der Lebensnerv von Wirtschaft und Gesellschaft.

Vorteilhaft ist jedoch der S-Bahn-Anschluß mit den Linien S 3 bis Backnang und S 2 nach Schorndorf, deren beide Äste mit insgesamt 40 km Länge und 17 Bahnstationen die am stärksten frequentierten

Schassbergers Hirsch Ebnisee.
Das persönlich geführte Hotel mit stilvollem Ambiente bietet neben gastronomischen Spitzenleistungen eine Vielzahl an Schönheits-, Gesundheits- und Sporteinrichtungen.

Schassbergers Hirsch Ebnisee The hotel is personally managed and its stylish atmosphere offers gastronomic peak performances as well as a variety of beauty, health and fitness equipments.

Schassbergers Hirsch Ebnisee A côte d'un grand spectre de possibilités au service de la beauté, de la santé et des sports, l'hôtel Schassberger, géré par la famille dans une ambiance qui a du style, offre aux amateurs de bonne chère une cuisine extraordinaire.

S-Bahn-Strecken in der gesamten Region sind. Hier fahren an Werktagen über 60 000 Fahrgäste. Der Öffentliche Personennahverkehr wurde durch den einheitlichen Verkehrsverbund zwischen der Landeshauptstadt und den vier angrenzenden Landkreisen attraktiver. Die Einführung des 15-Minuten-Taktes wird 1996 folgen. Dies ist allerdings auch mit finanziellen Defiziten verbunden. Der Rems-Murr-Kreis hat darüber hinaus ein leistungsfähiges Nahverkehrssystem mit 1105 Kilometern Omnibusstrecken und rund 1200 Haltestellen.

Dennoch ist die Pkw-Dichte mit 670 Fahrzeugen je 1000 Einwohner groß. Die gesamte Bevölkerung des Kreises könnte also auf den Vordersitzen ihrer Wagen bequem Platz finden. Der Pkw hat immer noch die Hauptlast bei der Bewältigung des Verkehrsaufkommens zu tragen. Doch manche Straßen sind an der Grenze ihrer Leistungsfähigkeit angelangt.

Die Standortgunst wird durch die Zugehörigkeit zur Region Stuttgart, einer der stärksten Regionen Europas, mitgeprägt. Die Räume beeinflussen sich gegenseitig. Wenn der eine Schaden nimmt, kann der andere nicht erfolgreich sein. Deshalb ist man bestrebt, die Standortsituation im Rahmen des Möglichen positiv zu beeinflussen. Ein stärkeres regionales Bewußtsein mit der Bereitschaft zu regional abgestimmtem Handeln ist erforderlich. Zu den günstigen wirtschaftlichen Voraussetzungen gehört nicht nur die gesunde Mischung von Industrie, Handel, Banken und der Ausbildungssituation, hinzu kommen kulturelle Angebote und Möglichkeiten zur Erholung vom Streß des Alltags in Sport und Freizeit.

*Die **ALLCAPS Weichgelatinekapseln GmbH**, Backnang, ist ein führendes mittelständisches Pharmaunternehmen mit einem breiten Dienstleistungsangebot, dessen Ruf weit über die Grenzen Deutschlands hinaus bekannt ist. Die 1970 in Waiblingen gegründete Firma ist ein Unternehmen der R. P. Scherer GmbH, Eberbach. Das Produktespektrum der Weichgelatinekapseln reicht von Pharmaka über Lebensmittel bis hin zu Kosmetika. Die Produkte werden ausschließlich durch umweltfreundliche Produktionsabläufe hergestellt.*

Allcaps Weichgelatinekapseln GmbH in Backnang is a leading medium-sized pharmaceutical company with a wide range of third party services and a reputation far beyond the borders of Germany. The company, founded in 1970 in Waiblingen, is a subsidiary of the R. P. Scherer GmbH in Eberbach, and produces soft gelatin capsules for the pharmaceutical, health food and cosmetic market. Without exception, the products are manufactured by non-polluting processes.

La société Allcaps Capsules de gélatine molle s. a. r. l. à Backnang, entreprise pharmaceutique moyenne, mais figurant parmi les leader, offre un large spectre de services renommés bien au delà des frontières de l'Allemagne. Fondée en 1970 à Waiblingen, elle appartient à l'entreprise R. P. Scherer d'Eberbach. La gamme de capsules en gélatine molle s'étend des produits pharmaceutiques jusqu'aux produits alimentaires et cosmétiques. Pour la fabrication des capsules on se sert exclusivement de procédures qui ne nuisent pas à l'environnement.

*Die **ANT Nachrichtentechnik GmbH** in Backnang ist eine Mehrheitsbeteiligungsgesellschaft der Robert Bosch GmbH. Im Bosch-Unternehmensbereich Kommunikationstechnik, der Bosch Telecom, ist ANT für die Öffentliche Kommunikationstechnik verantwortlich.*

ANT Nachrichtentechnik GmbH in Backnang, is a majority-owned subsidiary of Robert Bosch GmbH. In Bosch's Communications-Systems Division, Bosch Telecom, ANT is responsible for public communications systems.

ANT Nachrichtentechnik GmbH à Backnang est une société à participation majoritaire de Robert Bosch GmbH. Au sein de Bosch Telecom, le secteur d'activité «Techniques de Communications» du Groupe Bosch, ANT couvre les techniques des communications publiques.

Das Werk der Atlas Copco Elektrowerkzeuge GmbH in Winnenden.

The plant of the Atlas Copco Elektrowerkzeuge GmbH in Winnenden.

Les établissements de l'Atlas Copco Elektrowerkzeuge GmbH à Winnenden.

Die **Atlas Copco Elektrowerkzeuge GmbH** in Winnenden, Hersteller der AEG Elektrowerkzeuge, gehört seit 1992 mit ihren rund 1000 Beschäftigten zur schwedischen Atlas Copco-Gruppe, die weltweit als größter Druckluftwerkzeughersteller gilt. Jährlich werden über zwei Millionen Elektrowerkzeuge hergestellt, die über eigene Vertriebsgesellschaften und Distributoren in allen Kontinenten vertrieben werden. Mitte: In der neugestalteten Eingangshalle wird das Verkaufsförderungsmaterial für den Handel gezeigt. Unten: Moderne rechnergesteuerte Maschinen sorgen für hohe Produktivität.

Atlas Copco Elektrowerkzeuge GmbH in Winnenden, producer of the AEG electric power tools with about 1000 employees, has been part of the Swedish Atlas Copco-group since 1992, which is considered to be the internationally largest producer of compressed-air tools. Every year more than two millions electric power tools are produced and are marketed through company-owned sales companies and distributors in all continents. Centre: Sales promotion material for the trade is shown in the newly designed entrance hall. Below: Modern computer-controlled machines guarantee a high productivity.

Atlas Copco Elektrowerkzeuge GmbH à Winnenden produit les outils électriques AEG. Employant 1000 personnes, elle fait partie, depuis 1992, du groupe Atlas Copco suédois reconnu mondialement comme plus grand producteur d'outils pneumatiques. Les plus de deux millions d'outils qui sortent par an sont vendus dans tous les continents par des sociétés de vente et des distributeurs appartenant au groupe. Centre: Dans le hall d'entrée recémment rénové on expose le matériel publicitaire destiné aux commerçants. En bas: Des machines modernes commandées par ordinateur garantissent une haute productivité.

Die **BSB Nahrungsmittel GmbH** hat in Weinstadt-Endersbach den Sitz ihrer Hauptverwaltung. Oben: Das Firmengelände in Weinstadt-Endersbach. Mitte: Ein Blick in die Produktionsanlagen. Hier werden pro Tag 250–300 t Eier-Teigwaren produziert. Alle Rohstoffe werden täglich angeliefert und sind ständig Qualitätskontrollen unterzogen. Unten: Verpackung der Teigwaren. Die Tagesleistung liegt bei etwa 750 000 Nudelpäckchen.

BSB Nahrungsmittel GmbH has its headquarters in Weinstadt-Endersbach. Above: The company facilities in Weinstadt-Endersbach. Middle: A view of the production plants. The production facility runs 250–300 tons of egg-noodle products per day. All ingredients are supplied daily and are subject to constant quality controls. Below: Packing facility of the noodle products. The daily output amounts to approximately 750 000 noodle packs.

C'est à Weinstadt-Endersbach que se trouve l'administration centrale de l'entreprise BSB Produits Alimentaires s. a. r. l. En haut: le site de BSB à Weinstadt-Endersbach. Au milieu: vue d'une unité de fabrication. On y produit chaque jour entre 250 et 300 t de pâtes aux œufs. Tous les produits de base, livrés le jour même, sont soumis à des contrôles de qualité permanents. En bas: mise en paquets des pâtes. Les cadences journalières sont d'environ 750 000 paquets de pâtes.

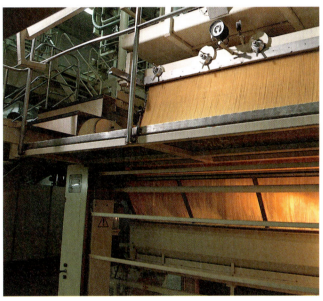

Die **Oskar Frech GmbH & Co.**, eine internationale Firmengruppe mit Stammsitz in Schorndorf, ist einer der führenden Hersteller von Warmkammer-Druckgußmaschinen zur Verarbeitung von Zink, Zinn, Blei und Magnesiumlegierungen sowie von Kaltkammermaschinen für Aluminium-Druckgußteile. Sie produziert außerdem Automatisationszubehör sowie Druck- und Spritzgußformen. Oben: Firmengebäude in Schorndorf. Rechts: Warmkammer-Druckgußmaschine DAW 20 A mit Automatisierungseinrichtungen.

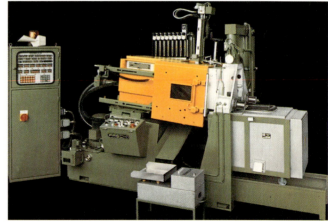

Oskar Frech GmbH & Co., an international holding with headquarters in Schorndorf, is one of the leading manufacturers of hot-chamber diecasting machines for the processing of zinc, pewter, lead and magnesium alloys as well as cold chamber diecasting machines for aluminium diecasting. They also produce automation devices as well as diecasting moulds and injection moulds. Above: Production plant in Schorndorf. Right: Hot-chamber diecasting machine model DAW 20-A with automation equipment.

L'entreprise Oskar Frech s. a. r. l & Cie, groupement international dont la maison mère se trouve à Schorndorf, est l'un des principaux producteurs dans le domaine de machines à chambre chaude pour le coulage à pression du zinc, de l'étain, des alliages de plomb et de magnésium et dans le domaine des machines à chambre froide pour le coulage à pression de pièces en aluminium. Du reste, l'entreprise Frech produit des dispositifs d'automatisation et des moules pour le coulage à pression et à injection. En haut: l'usine à Schorndorf. A droite: Machine à couler sous pression à chambre chaude, type DAW 20-A avec des dispositifs d'automatisation.

Die **Fritz Häuser GmbH & Co.** in Backnang, gegründet 1862, zählt zu den führenden Herstellern von hochwertigem Schuhoberleder. Die mit Hilfe neuester Produktionstechniken gefertigte modische Kollektion wird weltweit an die Schuhindustrie vertrieben.

Fritz Häuser GmbH & Co. in Backnang, founded in 1862, counts among the leading producers of superior shoe upper leather. The modern collection is made with the help of the most modern production techniques and is marketed to the shoe industry all over the world.

L'entreprise Fritz Häuser s. a. r. l. & Cie à Backnang, fondée en 1862, figure parmi les plus importants producteurs de cuir pour dessus de chaussures. Sa collection, à la mode et fabriquée à l'aide de techniques des plus modernes, est vendue à l'industrie de la chaussure dans le monde entier.

*Das **Holzwerk Häussermann GmbH & Co. KG** in Sulzbach an der Murr bearbeitet Hölzer aus Skandinavien, Rußland und den USA. Auf drei vollautomatischen Hobelstraßen und einer computergesteuerten Oberflächenbeschichtungsanlage werden nach neuesten umwelttechnischen Gesichtspunkten Profilhölzer für Innen- und Außenverkleidungen hergestellt. Häussermann führt auch Markenparkett.*

Holzwerk Häussermann GmbH & Co. KG in Sulzbach-Murr processes woods from Scandinavia, Russia and the United States. On three fully-automatic planing production lines and one computer-processed surface coating machine profile woods for inside and outside lining are produced according to the latest non-polluting techniques. Häussermann also markets trademarked parquets.

L'entreprise Häussermann Bois s. a. r. l. & Cie s. c. s. à Sulzbach sur Murr travaille des bois venant de Scandinavie, de Russie et des Etats-Unis. Sur trois grandes chaînes de rabotage pleinement automatisées et une installation pour stratifier les superficies commandée par ordinateur, on produit les bois à profil pour revêtements intérieurs et extérieurs, tout en se servant des techniques les plus modernes qui ne nuisent pas à l'environnement. Häussermann offre aussi des parquets de marque.

Die **Peter Hahn GmbH** in Winterbach ist ein internationales Versandunternehmen, das unter dem Motto »Ein Leben in Natur« Damen- und Herrenmode aus reinen Naturfasern vertreibt. Peter Hahn ist mit sieben Modehäusern auch im stationären Einzelhandel vertreten. Zur Firmengruppe gehören zudem Gesellschaften in der Schweiz, in Frankreich und in Österreich.

Peter Hahn GmbH in Wintersbach is an international mail-order house that markets men's and ladies fashion according to its motto »Life in Nature«. With seven fashion boutiques Peter Hahn is also presented in the stationary retail trade. Part of the company holding are also companies in Switzerland, France and Austria.

La Peter Hahn s. a. r. l. à Winterbach est une maison internationale de vente par correspondance qui vend des vêtements en fibres purement naturelles pour femme et pour homme, selon la dévise d'une «vie dans la nature». Avec ses sept magasins de mode, la Peter Hahn est également représentée dans le commerce de détail. Des sociétés en Suisse, en France et en Autriche font partie du groupement.

Die **Harro Höfliger Verpackungsmaschinen GmbH** in Allmersbach im Tal erstellt hochwertige Komplettlösungen für die Pharma- und die Nahrungsmittelindustrie. Die Produkte werden weltweit exportiert. Oben: Montageautomat zum Befüllen von Spritzen unter sterilen Bedingungen.

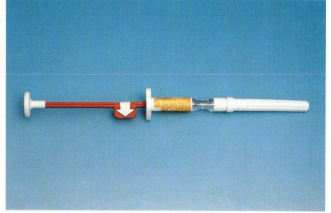

Harro Höfliger Verpackungsmaschinen GmbH in Allmersbach im Tal manufacture high quality machines offering complete solutions for the pharmaceutical and food industries. The products are exported all over the world. Above: Assembly machine for filling syringes under sterile conditions.

La Harro Höfliger Machines d'emballages s. a. r. l. à Allmersbach im Tal s'occupe à trouver des solutions complètes et de pointe aux problèmes d'emballage qui se posent à l'industrie pharmaceutique et alimentaire. Ses produits sont exportés dans le monde entier. En haut: Machine de montage automatique pour le remplissage de seringues dans des conditions stériles.

*Die **MAHLE GMBH** Geschäftsbereich Raumtechnik in Fellbach gehört seit über 30 Jahren zu den weltweit führenden Herstellern von Doppel- und Hohlraumböden für den industriellen Hochbau. Anerkennung erwarb sich die MAHLE GMBH insbesondere durch einen anerkannt hohen Qualitätsstandard ihrer Produkte. Oben: Hauptverwaltung der MAHLE-Raumtechnik in Fellbach. Mitte: Der Doppelboden im Büro. Unten: Blick auf die vollautomatische Produktion.*

MAHLE GMBH Geschäftsbereich Raumtechnik in Fellbach, scope of business space technology, has been for more than 30 years one of the internationally leading producers of access floors and cavity floors for industrial building construction. The MAHLE GMBH is especially noted for the high quality standard of its products. Above: Headquarters of the MAHLE-Raumtechnik in Fellbach. Middle: The access floors in the office. Below: View on the fully-automatic production.

Depuis plus de trente ans, l'entreprise MAHLE GMBH Geschäftsbereich Raumtechnik à Fellbach s'occupe des composants pour les bâtiments industriels qui exigent de particulières conditions d'ambiance. Pour ses doubles planchers et planchers cavitaires, la MAHLE GMBH figure parmi les principaux fabricants du monde. Elle est reconnue des produits élevés et d'une qualité de fabrication constante. En haut: administration centrale de la MAHLE-Raumtechnik à Fellbach. Au milieu: les doubles planchers au bureau. En bas: vue sur la production entièrement automatique.

*Die **TRW Repa GmbH** fertigt in sieben Ländern Europas Sicherheitsgurte und Airbags für die Automobilindustrie. In Alfdorf ist der Sitz der zentralen Leitung des Unternehmens, das europaweit 2800 Mitarbeiter beschäftigt. Oben: Das Werk in Alfdorf. Mitte: Die Airbagmontage. Unten: Der Kalibrierraum für die beim Aufpralltest auf der hauseigenen Zweibahn-Crashanlage eingesetzten Meßpuppen (Dummies).*

In seven states of Europe the TRW Repa GmbH manufactures seat belts and airbags for the automobile industry. In Alfdorf, there is the headquarters of the central administration of this company. TRW Repa GmbH has 2800 employees all over Europe. Above: The plant in Alfdorf Middle: The airbag-assembling. Below: The calibration room for the dummies that are used for the collision test in the inhouse two-track crash barrier.

La société TRW Repa GmbH est installée dans sept pays européens et fabrique des ceintures de sécurité et des airbags pour l'industrie automobile. La direction centrale de l'entreprise employant en Europe 2800 personnes, siège à Alfdorf. En haut: l'usine d'Alfdorf. Au milieu: le montage des airbags. En bas: la salle de calibrage pour les mannequins (dummies) soumis au crash test sur les deux pistes prévues à cet effet.

*Die Firma **Andreas Stihl** in Waiblingen ist der weltweit größte Hersteller von Motorsägen mit sieben Werken in Deutschland und fünf Produktionsgesellschaften im Ausland sowie weiteren 17 eigenen Vertriebsgesellschaften. Ihre Produkte – neben Motorsägen auch Motorgeräte sowie Rasenmäher, Häcksler, Sauger und Reiniger – werden in über 140 Ländern der Erde verkauft. Die Stihl-Gruppe beschäftigt derzeit 5400 Mitarbeiter und erzielt einen Umsatz von ca. 1,4 Milliarden DM. Oben: Die Hauptverwaltung der Firma Andreas Stihl in Waiblingen. Links: Einsatz einer Stihl-Motorsäge bei der Waldarbeit.*

The Andreas Stihl Company in Waiblingen is the largest producer of chain saws worldwide with seven plants in Germany and five manufacturing plants abroad as well as seventeen marketing and sales companies of its own. The products – apart from chain saws also engines like lawn mowers, shredders, vacuum cleaners and cleaners – are sold in more than 140 countries of the world. 5.400 employees are currently working for the Stihl-group which makes a turnover of approximately 1.4 billion DM. Above: The headquarters of the Andreas Stihl company in Waiblingen. Left: A Stihl-chain saw during wood works.

Mondialement Andreas Stihl à Waiblingen est le plus grand producteur de tronçonneuses. L'entreprise, comprenant sept établissements en Allemagne et cinq sociétés de production à l'étranger ainsi que 17 sociétés de vente, fabrique des tronçonneuses et d'autres appereils à moteur, des tondeuses, broyeurs, aspirateurs et nettoyeurs, vendus dans plus de 140 pays du monde. Grâce à ses 5400 employés, le groupe Stihl a un chiffre d'affaires qui élève à environ 1,4 milliards de DM. En haut: l'administration principale de l'entreprise Andreas Stihl à Waiblingen. A gauche: une tronçonneuse Stihl au travail dans la forêt.

*Die **Vitramon GmbH** ist ein führender europäischer Hersteller für keramische Vielschicht-Kondensatoren. Diese Bauelemente, die Vitramon auch in den USA, Brasilien, Großbritannien und Frankreich fertigt, werden in allen Bereichen der Elektronik weltweit eingesetzt. Oben: Deutsche Produktionsstätte in Backnang. Mitte: Vollautomatisches Aufbringen der Anschlußkontaktierung. Unten: Herstellung der Kondensatoren unter Reinraumbedingungen.*

Vitramon GmbH is a leading European producer of ceramic multilayer capacitors. These components, produced by Vitramon also in the United States, Brazil, the United Kingdom and France, are used all over the world in all areas of electronics. Above: German manufacturing plant in Backnang. Middle: Fully automatic deposition of termination. Below: Production of capacitors under clean-room conditions.

La Vitramon s. a. r. l. est l'un des plus importants producteurs pour condensateurs à couches multiples en céramique. Ces éléments, fabriqués également par la Vitramon aux Etats-Unis, au Brésil, en Grande-Bretagne et en France, sont utilisés mondialement dans tous les domaines de l'électronique. En haut: les établissements allemands à Backnang. Au milieu: Mise en place entièrement automatique des contacts de raccordement. En bas: production des condensateurs dans les conditions d'une ambiance absolument propre.

*Die **WERU AG** in Rudersberg hat sich im Laufe der 150jährigen Firmengeschichte zu einem der führenden Anbieter von Fenstern und Haustüren in Europa entwickelt. In zwei Werken des Unternehmens, in Rudersberg und in Triptis/Thüringen, produzieren 1600 Mitarbeiter über 880 000 Fensterflügel und 20 400 Haustür-Einheiten pro Jahr. Oben: Stammwerk der WERU AG in Rudersberg. Mitte: Teilansicht des neuen Fensterwerkes in Triptis/Thüringen. Unten: Blick in das Info-Center in Rudersberg.*

In the course of its 150 years company history the Weru AG in Rudersberg has developed to one of the leading producers of windows and doors in Europe. In the two plants of the company in Rudersberg and in Triptis/Thuringia 1600 employees manufacture more than 880 000 windowwings and 20 400 door-units per year. Above: Headquarters of the Weru AG in Rudersberg. Middle: Partial view of the new window plant in Triptis/Thuringia. Below: View on the Information-Center in Rudersberg.

Au cours des 150 ans de son histoire l'entreprise Weru s. a. a su se développer comme l'un des plus importants fabricants de fenêtres et de portes d'entrée en Europe. Dans les deux établissements, l'un à Rudersberg, l'autre à Triptis en Thuringe, les 1600 employés produisent plus de 880 000 battants de fenêtre et 20 400 portes d'entrée par an. En haut: La maison mère de la Weru à Rudersberg. Au milieu: Vue partielle du nouvel établissement à Triptis/Thuringe où on fabrique des fenêtres. En bas: Vue sur le centre d'information à Rudersberg.

Feste und Freizeit

Zu den »weichen Standortfaktoren« zählt der Freizeitwert eines Raumes. Wer »feste« arbeitet, soll auch Feste feiern. Deshalb gibt es überall im Kreis »Feschtle«. Selbstverständlich finden auch allenthalben Vereinsfeste statt. Sie sind Aktivposten in den Gemeinden. Bei Jubiläen putzt man sich besonders heraus und lädt die ganze Umgebung ein. Zur Hundertjahrfeier von Musik- und Gesangvereinen gibt es sogar eine Plakette des Bundespräsidenten. Es kann kein Zufall sein, daß der frühe Förderer des volkstümlichen Chorgesangs Friedrich Silcher, dessen Lieder »Jetzt gang i ans Brünnele«, »Ännchen von Tharau« oder »Ich weiß nicht, was soll es bedeuten« noch heute die Menschen erfreuen, in unserem Kreis, in Schnait, geboren wurde.

Kaisersbach
Die Sommerrutschbahn ist ein beliebtes Ausflugsziel.

The summer slide is a popular place for excursions.

La glissoire d'été est très appréciée comme but de promenade.

Im Sommer gibt es überall Straßenfeste oder »Hocketsen«, bei denen Geselligkeit und Freundschaft gepflegt werden – manchmal auch in mehreren Gemeinden am selben Wochenende. Jede Stadt hat ihr besonderes Fest: Das seit 1970 gefeierte »Backnanger Straßenfest« mit seinen über 200 000 Besuchern zählt zu den »größten seiner Art im Lande«, was immer das heißen mag. Aber die Backnanger sind ganz versessen darauf, es zu feiern. Viele richten sogar ihren Urlaub so ein, daß sie auf alle Fälle das Straßenfest mitfeiern können. Waiblingen hat sein »Altstadt-Fest«, Winnenden den »City-Treff«, Schorndorf die »SchoWo«, und in Weinstadt wird jährlich abwechselnd in den verschiedenen Ortsteilen das »Bacchusfest« gefeiert. In Murrhardt gibt es das »Lichterfest«, in Welzheim das »Straßenfest« sowie alle fünf Jahre ein großes »Heimatfest«, zu dem auch viele ehemalige Welzheimer aus dem Ausland kommen. Die »Plüderhäuser Festtage« sind nicht nur wegen ihrer Geselligkeit bekannt, sondern auch weil dort jährlich ein Ochse am Spieß gebraten wird. Viele andere Feste kommen dazu.

Am bekanntesten aber ist der »Fellbacher Herbst«, der seit 1948 gefeiert wird. Es ist ein Wein- und Erntedankfest, zu dem nicht nur die Menschen aus der ganzen Region kommen, sondern auch Delegationen aus den Partnerstädten. Aus der nahe gelegenen Landeshauptstadt und aus Bonn kommt ebenso Prominenz wie vom Europäischen Parlament. Minister, Ministerpräsident und sogar der Bundespräsident reihten sich schon in den Festzug ein, um durch den Ort zu gehen, zu feiern und gefeiert zu werden.

Es gibt an Rems und Murr also nicht nur fleißige, sondern auch festesfreudige Menschen: »Wer knitz daherkommt, kommt auch weit herum.«

Zunehmend werden auch die närrischen Tage närrisch. Immer mehr Karnevalsgesellschaften entstehen, und am »Schmotzigen Donnerstag« werden regelmäßig der Landrat und mehrere Bürgermeister für abgesetzt erklärt. Auch dies gehört zum Lokalkolorit. Die Europameisterin 1992 der Tanzmariechen, Corinna Lang, kommt übrigens aus dem Kreis.

Auch der Sport ist ein Teil der kommunalen Kultur, und überall gibt es Möglichkeiten, sich sportlich zu betätigen. In jeder Gemeinde kann man nicht nur Fußball, sondern auch Tennis spielen, allenthalben ertönt »First Service – erster Aufschlag«, und im Haghof gibt es einen Golfplatz mit neun Löchern.

Eines der schönsten und sinnvollsten Erholungsvergnügen ist jedoch nach wie vor das Wandern: der federnde Waldboden als Ausgleich zum Asphalt der Stadt, das gesunde, ausgewogene Klima als Erholung von der Großstadtluft. Es wurde daher durchaus als Auszeichnung dieser Erholungslandschaft empfunden, als 1979 der Naturpark Schwäbisch-Fränkischer Wald durch die Landesregierung ausgewiesen wurde. Etwa die Hälfte der Fläche von 900 km² liegt im Rems-Murr-Kreis; doch auch umgekehrt gilt: Etwa die Hälfte der Fläche des Landkreises liegt im Naturpark. Es sind also zwei sich überschneidende Kreise, in deren Mittelpunkt die Stadt Murrhardt liegt. Dort hat der Naturpark ein Informationszentrum eingerichtet.

Der Naturpark hat durchaus eine doppelte Zielsetzung: Erhaltung und Pflege der Vielfalt, Eigenart und Schönheit von Natur und Landschaft einerseits und »Entwicklung und Pflege als vorbildliche Erholungslandschaft« andererseits. In den ersten zwölf Jahren seines Bestehens wurden über 14 Millionen DM in den Naturpark investiert, um Wanderparkplätze zu schaffen, Kinderspielplätze, Grillstellen, Ruhebänke, Informationstafeln und Wanderwege auszu-

Murrhardt
Prächtige Wirtshausschilder laden zur Einkehr ein.

Magnificent inn signs like this one invite to stop at the inn.

De magnifiques enseignes invitent à renter dans les bars traditionnels.

weisen, aber auch für die Landschaftspflege und die Abfallbeseitigung. Der Naturpark hat eine überregionale Ausgleichsfunktion zwischen Verdichtungsraum und Erholungslandschaft mit zahlreichen interessanten Sehenswürdigkeiten wie Burgen, Schlössern, Mühlen oder dem Ostkastell am Limes in Welzheim. Im Naturpark gibt es etwa 2000 km Wanderwege, 270 Wanderparkplätze, 50 Spielplätze und etwa 100 Grillstellen.

Auf Initiative des Verfassers wurden im Landkreis der »Mühlenwanderweg« und der »Limeswanderweg«, der »Remstal-« und der »Wieslauf-Radwanderweg« ausgewiesen. Sie liegen teilweise im Naturpark. Auch der »Georg-Fahrbach-Wanderweg« und der »Wanderweg Baden-Württemberg« durchziehen den Kreis. Neben dem Wandern erfreut sich das Radeln immer größerer Beliebtheit. An Rems und Murr sowie im Schwäbischen Wald gibt es hierzu vielfältige Möglichkeiten, denn es wurden viele Radwege gebaut. Landratsamt und AOK führen einen »Kreisradwandertag« durch, an dem sich zahlreiche Vereine beteiligen. An diesem Tag sieht man Tausende von Radfahrern auf den Strecken.

Remstal und Murrtal sind immer wieder eine herzerfrischende Überraschung für den Städter. Wenn Kirschen und Äpfel blühen, ist eine ideale Wanderzeit. Bewegung ist nun mal gesund, und in der Natur kann man neue Kraft schöpfen.

Waiblingen
Sturm auf das Landratsamt am »Schmotzigen Donnerstag«. In der Mitte Corinna Lang, Europavizemeisterin der Tanzmariechen, und Landrat Horst Lässing.

The storming of the District Office on the »Schmotzigen Donnerstag« (Dirty Thursday). Middle: Corinna Lang, European runner-up of the Tanzmariechen carnival dancers, and District Administrator Horst Lässing.

Les services administratifs du landratsamt sont pris d'assaut au Carnaval, le jour du »Jeudi sale«. Au milieu Corinna Lang, championne d'Europe des majorettes et le chef des services, le landrat Horst Lässing.

Waiblingen
Altstadtfest: Feiern vor historischer Kulisse

Festival in the oldest part of town: celebrating in front of a historical scenery

Fête de la ville ancienne devant l'arrière-scène historique

Waiblingen

Bunte Szenen vom Altstadtfest

Colourful scenes of the festival in the oldest part of town

Scènes variées de la Fête de la ville ancienne

Winterbach-Engelberg
Aus nah und fern strömen die Besucher zum Schulfest.

From near and far visitors come to the school festival.

Les visiteurs de la fête de l'école viennent de près et de loin.

Kernen-Stetten
Die Werkstätten der Anstalt Stetten präsentieren ihre Produkte im Schloß.

The workshops of the institution present their products in the castle.

Les ateliers du foyer présentent leurs produits au château.

Kernen-Stetten
Das beliebte Jahresfest der Behindertenanstalt

The popular annual festival of the home for the handicapped.

La fête annuelle du foyer d'handicapés est très appréciée.

108

Ebnisee

Gemütliche Bootsfahrt auf dem Ebnisee

Pleasant boat trip on the Ebnisee

Moments de détente en barque sur le lac Ebnisee

Weinstadt-Schnait

Das Bacchusfest von Weinstadt lockt nicht nur Freunde des edlen Rebensaftes an.

The Bacchus-Festival of Weinstadt does not only attract the friends of the old juice of the grape.

La fête de Bacchus à Weinstadt n'attire pas seulement les amateurs du bon jus des vignes.

Murrhardt
Ein Springbrunnen belebt den Stadtpark.

A fountain enlivens the town park.

Une fontaine rend le parc municipal plus gai.

Bildquellenverzeichnis
S. 14: Landesdenkmalamt Baden-Württemberg
S. 64–68: Hans Scheerer, Schorndorf
S. 85–99: Die Abbildungen wurden von den in den Bildunterschriften genannten Firmen zur Verfügung gestellt.
Alle übrigen Abbildungen: Joachim Feist, Pliezhausen

Gedruckt mit Unterstützung der Kreissparkasse Waiblingen

Die Deutsche Bibliothek – CIP Einheitsaufnahme
Unser Rems-Murr-Kreis / Texte von Gerhard Fritz und Horst Lässing. Fotos von Joachim Feist. – Stuttgart : Theiss, 1994
   ISBN 3-8062-1033-0
NE: Fritz, Gerhard; Feist, Joachim

Umschlaggestaltung, Innengestaltung und Herstellung:
Ellen Böckmann & Neil McBeath, Kornwestheim
Umschlaggestaltung unter Verwendung dreier Fotos von Joachim Feist, Pliezhausen
Übersetzungen: Claudia Ade Team, Stuttgart
(Englisch: Tatjana Kruse, Französisch: Christa Littner-Ecker, M. A.)

© Konrad Theiss Verlag GmbH & Co., Stuttgart 1994
Alle Rechte vorbehalten
Gesamtherstellung: Grafische Betriebe Süddeutscher Zeitungsdienst, Aalen
Printed in Germany
ISBN 3-8062-1033-0